모두가
주식할 때
나는 채권에
투자한다

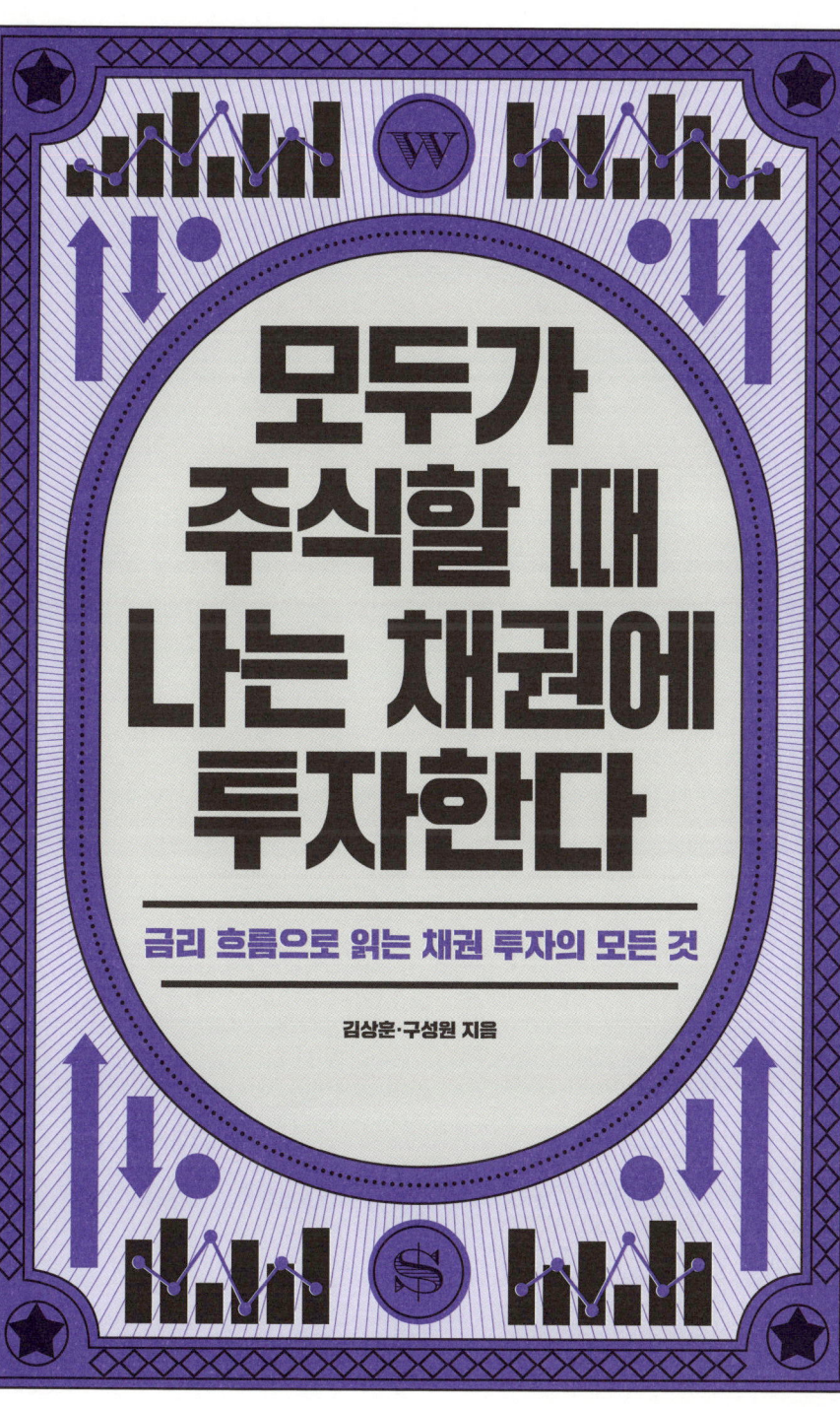

서문

이 책은 필자들이 채권시장에서 애널리스트와 트레이더로 10여 년간 활동하며 느낀 경험과 고민을 바탕으로 쓰게 되었다. 현장에서 투자자와 동료, 친구들로부터 가장 자주 받은 질문은 단연코 "채권 투자는 어떻게 하는 것인가요?"였다. 주식은 누구나 익숙하게 이야기하고, 암호화폐마저도 젊은 세대에게는 흔한 대화 주제가 되었지만, 채권은 여전히 많은 이들에게 낯설고 어렵게만 다가온다. 필자들이 "개인투자자도 충분히 할 수 있다"고 답했을 때 돌아오는 반응은 대체로 놀라움이었다. 바로 이 지점에서 우리는 문제의식을 가졌다. 왜 채권이라는 자산군은 이토록 소외되고 있을까?

사실 채권은 결코 난해한 영역이 아니다. 그럼에도 불구하고, 개인투자자에게는 접근하기 어려운 분야처럼 비쳐왔다. 입문서가 턱없이 부족하고, 정확한 정보나 해설 자료를 찾는 것도 쉽지 않기 때문이다. 특히 미국의 금리정책 하나가 한국의 부동산 시장이나 전 세계 주식

시장, 심지어 암호화폐 가격까지 크게 흔드는 현실을 생각하면, 채권과 금리를 이해하는 것은 선택이 아닌 필수다. 그러나 여전히 많은 투자자들은 "채권"이라는 단어 앞에서 주저한다.

또한, 필자들이 업계에서 가장 많이 들었던 또 하나의 질문은 "앞으로 시장이 어떻게 될까요?"였다. 흥미로운 점은 애널리스트와 트레이더라고 해서 비밀스럽고 특별한 정보를 독점하는 것이 아니라는 사실이다. 결국 업계 전문가들도 신문 기사와 경제지표, 정책 발표 등 시장에 공개된 자료를 똑같이 접한다. 차이가 있다면, 그 자료를 해석하는 방법과 시각일 뿐이다. 그러나 이러한 분석 방법을 알려주는 곳은 거의 없다. 그러다 보니 투자자들은 늘 같은 의문을 품고, 같은 질문을 반복하게 된다. 필자들은 그런 상황을 보면서 늘 안타까움을 느꼈고, 일반 투자자보다 채권이라는 자산과 이와 관련된 정보들을 더 빈번하게 보는 입장에서 그 통찰력을 키우는 방법을 설명할 의무가 있다고 느꼈다.

이 책은 그러한 안타까움에서 출발한다. 우리는 이론적으로 완벽한 교과서를 만들고자 하지 않았다. 필자들 역시 재무학이나 경제학의 박사학위를 가진 학자가 아니며, 학문적 완결성을 내세울 수는 없다. 하지만 시장 한복판에서 매일같이 금리와 채권을 다루며 체득한 경험과 통찰을 지니고 있다. 그 경험을 바탕으로, 독자들에게 조금 더 쉽고 간단하게 채권과 금리를 설명하고 한다.

궁극적으로 이 책은 "진입장벽을 낮추는 책"이다. 단, 이 내용들을 본인 것으로 만들기 위해서는 실제로 데이터를 받아 국면 별로 백테

스팅을 해보는 것을 추천한다. 몇 번 연습하다 보면 많은 투자자들이 높다고 생각하는 채권시장의 벽은 실제로 그리 높지 않다. 첫발을 떼기가 어려울 뿐이다. 우리는 이 책이 독자들에게 그 첫발을 내디딜 수 있는 도움닫기가 되기를 바란다. 채권을 통해 금리라는 자본주의의 핵심 규칙을 이해하고, 더 나아가 글로벌 자산시장의 움직임을 보는 새로운 눈을 갖게 되기를 희망한다.

차례

서문

1장 억울하게 벼락거지가 되는 이유

01 채권 투자, 왜 지금 주목받을까　　013
02 미국 국채, 안전자산 지휘 위협받고 있나　　015
03 금리를 모르면 겪게 되는 다섯 가지 현실　　023
04 자본주의 게임에서 금리는 생존 필수조건　　028

2장 채권 투자의 정석
　　: 금리와 신용, 구조를 읽는 힘

01 채권 세계로 입문하기　　033
02 금리라는 자본주의의 규칙 이해하기　　049
03 채권의 실전 구조와 종류　　059
04 채권 투자 전략과 실전 활용　　080

3장 수익률 곡선과 장단기금리의 경제적 의미

01 장단기금리의 구조와 기능　　095
02 수익률 곡선으로 경기 사이클 읽기　　099
03 수익률 곡선의 예측력과 한계　　102

4장 실전에서 수익률 곡선 활용하기

01 미국 사례로 보는 수익률 곡선 변화　　107
02 수익률 곡선 국면별 투자 성과 분석　　112
03 통화정책 국면과 수익률 곡선의 상관성: 미국 사례　　130

5장 한국은행 통화정책 해독학

: 문구文句 속에 숨어 있는 통화정책 시그널을 읽다

01 왜 통방문을 읽어야 할까 — 145
02 과거 주요 사례로 본 정책 전환기: 문장 하나의 변화가 정책을 바꾼다 — 151
03 '소수의견'이라는 경고등: 정책 전환의 전조 — 171
04 새롭게 부상한 포워드 가이던스 — 182

6장 미국의 통화정책 파헤치기

: 연방준비제도Fed의 결정 기준과 성명서 문구에 담긴 신호들

01 연준 통화정책의 기본 구조 — 193
02 성명서 문구의 진화와 정책 신호 — 195
03 점도표 해독법: 연준의 속마음을 해독하는 지도 — 205
04 연준의 대차대조표(B/S)와 시장 유동성 — 212

7장 재정정책 파헤치기

01 한국의 재정정책과 채권시장 — 223
02 미국의 재정정책과 QRA 해독법 — 233
03 텀 프리미엄의 의미와 활용법 — 240

8장 브라질 채권 투자 파헤치기

01 브라질 채권이 인기 있는 이유 — 247
02 실전 투자 전략: 환율이 핵심이다 — 248
03 브라질 통화정책 이해하기 — 256

부록 채권 트레이더의 투자 조언과 Q&A

01 채권 트레이더의 투자 조언 — 267
02 채권 트레이더의 Q&A — 273

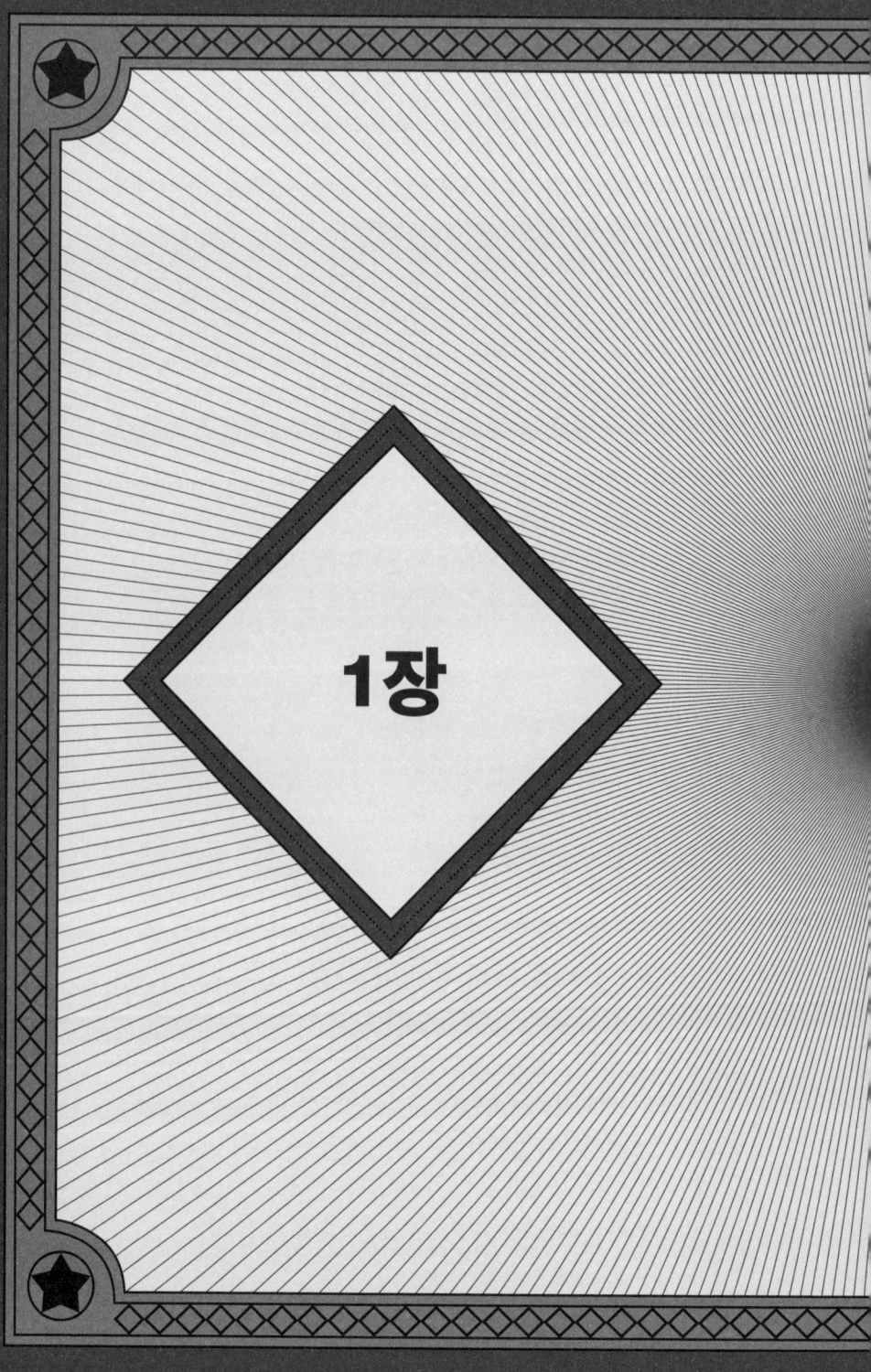

억울하게 벼락거지가 되는 이유

01 채권 투자, 왜 지금 주목받을까

2022년 하반기 이후 개인투자자들의 국내외 채권 투자에 대한 관심이 급격히 증가했다. 초창기에는 비과세 혜택을 활용하기 위해 고액 자산가들을 중심으로 만기가 긴 저쿠폰(낮은 표면 이자) 국채를 사고자 하는 수요가 빠르게 늘어났다. 2023년에는 미국 국채에 대한 관심이

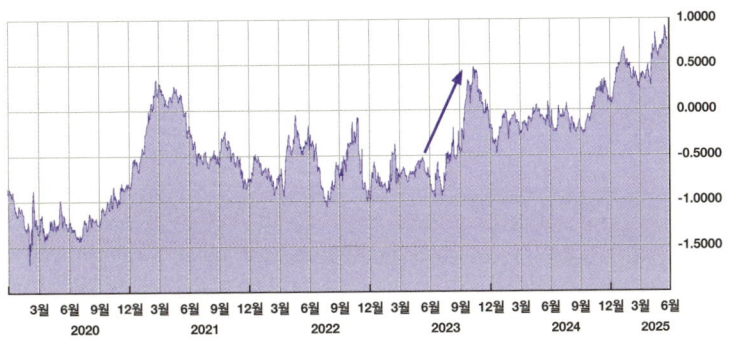

출처: Bloomberg

크게 높아졌다. 재정적자 확대에 대한 경계심이 커지는 가운데, 글로벌 3대 신용평가사 중 하나인 피치Fitch가 미국의 신용등급을 강등하자 텀 프리미엄Term Premium *이 급등했고, 그 결과 미국 국채 가격이 저렴해졌기 때문이다.

> **텀 프리미엄이란?**
> 장기국채 금리는 크게 두 부분으로 나눌 수 있다. 하나는 앞으로 단기금리가 어떻게 움직일지에 대한 시장의 예상(기대금리), 다른 하나는 장기채를 보유하는 대가로 요구되는 위험 보상, 즉 텀 프리미엄이다.
> 장기채 투자에 보상을 요구하는 이유는 금리 변동 위험, 인플레이션 위험, 유동성 위험 등이 얽혀 있어 불확실성이 크기 때문이다.

02
미국 국채, 안전자산 지위 위협받고 있나

하지만 미국 국채는 투자자들의 예상보다 더 많은 텀 프리미엄을 요구 받았다. 이에 2023년 10월에는 미국 국채 10년물 금리가 장중에 5.0%를 상향 돌파해 2007년 7월 이후 16년 만에 가장 높은 수준을 기록하기도 했다. 이렇게 단기간 내 장기국채 금리가 급등한 배경에는 다음과 같은 이유들이 복합적으로 작용했다.

① 'Covid-19'라는 경험해 보지 못한 대외 충격에서 회복하기 위해 미국 정책당국은 대규모 유동성을 공급했고, 이로 인해 인플레이션 시대를 직면하게 됐다. 미국의 2022년 6월 헤드라인 소비자물가CPI의 전년 동월 대비 증가율은 9.1%까지 급등했는데, 이는 1981년 11월 이후 최고치였다.

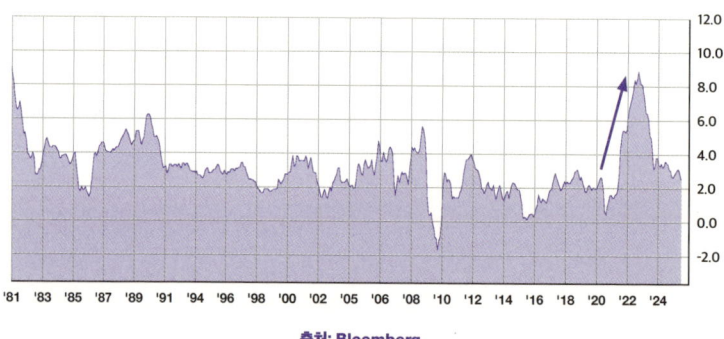

② 약 47년 만에 경험하는 인플레이션을 제어하기 위해 미국의 중앙은행인 연준Fed은 정책금리를 가파르게 인상을 할 수밖에 없었다. 통상 중앙은행은 25bp(0.25%)씩 정책금리를 조정한다. 하지만 2022~2023년 금리인상 사이클에서 연준은 정책금리를 0.25%에서 5.50%까지 인상하는데 빅스텝(Big step, 50bp) 2회, 자이언트 스텝(Giant step, 75bp) 4회를 각각 단행했다.

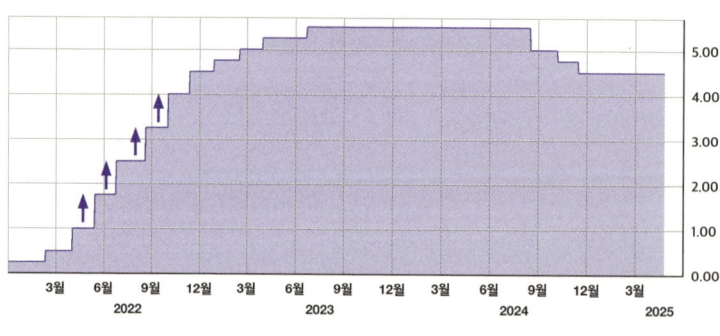

③ 풍부한 유동성이 물가 상승을 자극했고, 연준이 이를 억제하기 위해 정책금리를 가파르게 인상했지만, 정부(미국 재무부)는 오히려 재정적자를 축소하기보다 늘리는 계획들을 발표했다(2023년의 바이든 정부와 2025년의 트럼프 2기 행정부 모두 해당). 이에 2023년 8월에는 피치가, 2025년 5월에는 무디스가 각각 미국 신용등급을 가장 높은 AAA 단계에서 한 노치notch씩 강등했다.

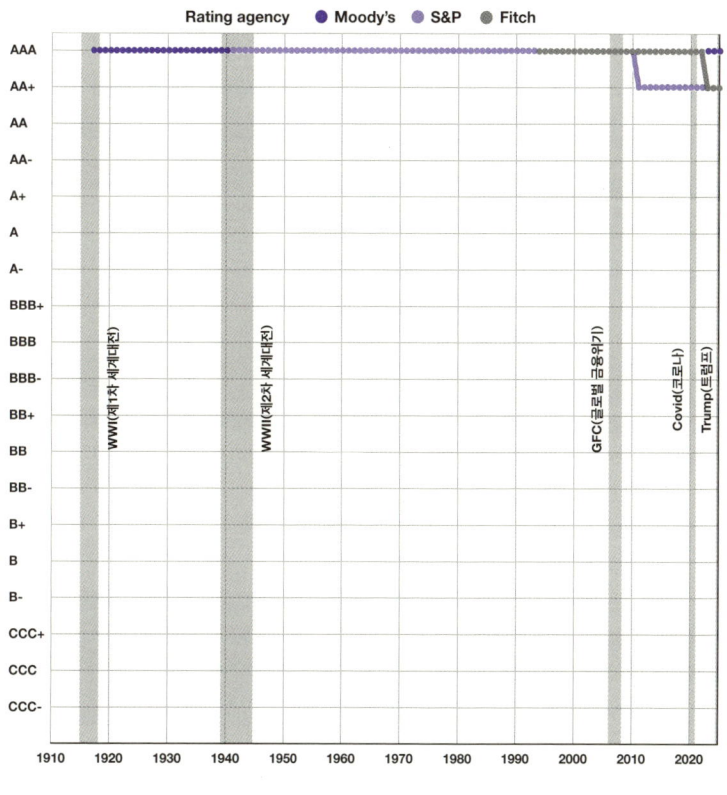

출처: 파이낸셜타임즈

즉, 물가 안정에 대한 신뢰가 흔들리는 상황에서 중앙은행은 장기간 고금리를 유지하겠다는 입장을 고수했지만, 정부는 긴축 대신 확장적 재정정책을 선택했다. 이러한 정책의 엇박자가 텀 프리미엄을 자극한 것이다. 물론 그렇다고 해서 미국의 장기국채 금리가 일방적으로 치솟기만 한 것은 아니다.

투자자들이 어려움을 겪고 있는 또 다른 이유는 과거에 경험했던 것보다 변동성이 더 커졌고(미국 채권의 변동성을 나타내는 MOVE 지수는 과거의 평균치보다 높은 수준에서 등락 중), 상승/하락 추세가 전환되는 시기가 빨라졌다는 점이다. 이러다 보니 어느 장단에 맞춰야 할지, 투자 무게중심을 잡기가 더 어려워진 것이 사실이다. 그리고 불확실성이 큰 국면에서는 투자자가 후행적으로 대응하는 경향이 커질 수밖에 없는데, 최근의 시장 트렌드는 투자자를 기다려주지 않는다. 즉, 채권 투자자 입장에서는 난이도가 더 커졌다고 느낄 수밖에 없겠다.

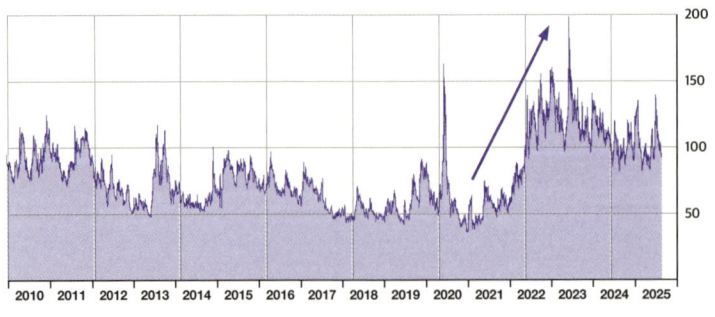

ICE BofA MOVE Index

출처: Bloomberg

한 발짝 떨어져 미국 국채 10년물 금리를 바라보면, 2023년 7월 이후 넓은 범위(3.6~5.0%)에 갇혀 있음을 알 수 있다. 그러나 그 저점과 고점에 도달하기까지 수많은 변곡점들이 존재했다. 통화정책 측면에서는 연준이 금리 인하 사이클에 들어섰고, 정치적으로는 정부가 바이든에서 트럼프 행정부로 교체됐다. 경기 측면에서도 경기침체 위기설(R공포)과 미국 예외주의, 스태그플레이션(S공포) 등 다양한 내러티브narrative가 짧은 기간 시장을 지배하며 혼란을 키웠다. 그럼에도 불구하고, 2024년과 2025년 현재까지도 미국 국채 10년물 금리는 3.6~4.8% 밴드를 벗어나지 못하고 있다.

이렇게 몇 장 안 되는 간단한 글과 차트로만 보더라도 미국 국채를 안전자산으로 여겼던 투자자들 입장에서는 큰 변동성과 고금리 장기화로 인해 당혹감을 감추기 어려울 것이다. 나아가 레버리지 상품에

투자한 분들의 불안감은 당연히 더 클 수밖에 없다. 즉 Top-down*으로 경제와 통화정책을 분석하는 방법, 그리고 본인만의 매수/매도 적정 레벨을 추정하는 방법을 터득하는 것이 채권 투자에 많은 도움이 될 수 있다는 것을 방증한다.

> **Top-down 분석법**
> 말 그대로 위에서 아래로 내려오는 분석 방식이다. ① 거시환경(경제, 금리, 물가, 정책 등)에서 ② 산업/섹터 분석 ③ 개별 기업이나 자산 분석 순서로 내려오면서 어디에 투자할지, 어떤 전략을 세울지 결정하는 것을 의미한다.

반대로 2022년 하반기부터 2023년 상반기까지 주목받았던 원화채(국고채) 금리는 2023년 4분기에 정점을 찍은 뒤 2025년 2분기까지 크게 떨어졌다(가격 상승). 이는 채권 투자도 자산배분 전략(100% 미국채

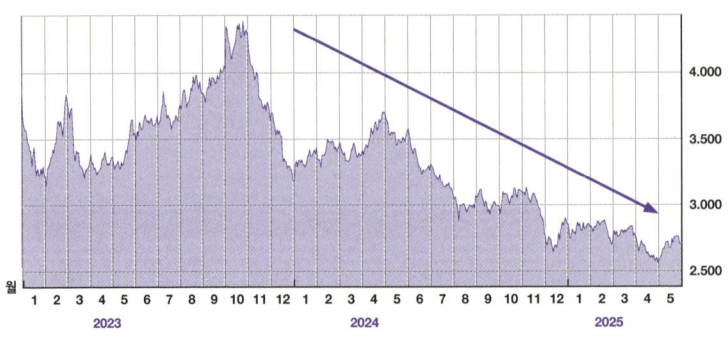

국고채 10년물 금리 추이

출처: Bloomberg

투자가 아닌 국가별 비중 조절)이 중요하다는 사실을 일깨워준다.

　　더불어 채권도 목적에 맞게 투자를 할 필요가 있고, 다시 말하지만 다른 자산에 투자할 때처럼 본인만의 분석 툴tool을 만드는 것을 추천한다. 예를 들어 재테크를 해본 사람이라면 이런 경험을 한 번쯤은 해봤을 것이다. 친구나 직장 동료가 본인에게 "A주식 지금 들어가도 돼?"라는 질문을 했을 때 주식을 한 번이라도 투자해 본 사람이라면 경제 상황과 산업 동향, A기업의 실적, 또는 기술적 차트를 활용해서 "지금 바닥이야!" 또는 "비싸니까 조금 기다렸다가 들어가는 게 좋을 것 같아"라는 본인만의 생각을 전달한 경험을 말이다.

　　하지만 유독 채권의 경우 개인이 채권에 투자하기 시작한 역사가 짧은 탓에 주변 분위기에 휩쓸리는 경우가 많다. 그러다 보니 자본손실capital loss에 대한 민감도가 아이러니하게도 위험자산보다 더 커지는 상황을 종종 경험하게 된다.

　　주식도 자식에게 물려주거나 장기 투자가 목적인 사람들은 주가가 하락할 때마다 적정레벨에서 분할 매수를 해나간다. 하지만 채권은 이자 수익을 받음에도 불구하고, '안전자산'이라는 인식만으로 손실구간에서 손절을 고민하는 투자자들이 상대적으로 많은 것으로 파악된다. 이에 채권 투자도 단기/중기/장기 목적을 확실히 구분할 필요가 있다. 또한, 주식 투자를 할 때 정부 정책이 산업에 미치는 영향과 기업 실적을 세심하게 들여다보는 것처럼 채권 투자도 주기적으로 체크할 수 있는 통화정책과 재정정책을 자세히 살펴보면서 채권의 강세 요인(금리 하락)인지 약세 요인(금리 상승)인지 본인만의 판단 능력을 키우는 것이 중요하다.

따라서 이 책을 통해 채권이 무엇인지, 중요하게 살펴봐야 하는 재료들은 무엇인지 등을 과거 사례들과 함께 차근차근 공부해 나가고자 한다. 그전에 채권은 결국 금리의 함수인 만큼 금리를 배워야 하는 이유부터 설명하고자 한다.

03 금리를 모르면 겪게 되는 다섯 가지 현실

왜 이 책을 썼느냐고 묻는다면, 대답은 단순하다. "살기 위해서이다." 그리고 "당신도 살아남을 수 있도록 돕기 위해서이다."

"누가 칼 들고 협박했나?"

최근 한 공무원이 직장인 커뮤니티에 자신의 삶을 토로한 글을 올렸다. 열악한 처우와 낮은 연봉, 끝없는 야근, 그리고 끝없이 밀려오는 상대적 박탈감. 글의 요지는 단순했다. "이 정도로 일하면서는 집을 살 수조차 없다." 하지만 댓글 반응은 냉소적이었다. "누가 칼 들고 협박했나?", 즉 그 직업을 누가 억지로 시킨 것도 아닌데 왜 불평이냐는 것이다.

우리는 학교에서 "직업에 귀천이 없다"고 배웠다. 하지만 현실은 그렇게 굴러가지 않는다. 유동성이 풍부해지고 자산 가격이 급등하는 사회에서는 이제 직업 선택의 결과에 대해 책임을 묻고 조롱까지 한다. 하지만 정말 잘못은 '직업 선택'에 있는 것일까? 사실은 그 선택의 '배경'과 '판', 즉 금리와 자산시장, 유동성의 논리를 모른 채 사회에 나왔기 때문은 아닐까?

"벼락거지" Overnight Beggars
(눈 떠보니 빈털터리)

금리를 몰랐던 또 다른 결과는 '벼락거지' 현상이다. 2008년 글로벌 금융위기 이후 전 세계는 돈을 찍어냈다. 2020년 코로나19는 그 돈의 양을 기하급수적으로 늘렸다. 중앙은행이 기준금리를 낮추고, 양적완화를 시행하면서 시장에는 사상 유례없는 유동성이 쏟아져 들어왔다.

　이 돈들은 실물보다 빠르게 움직이며 주식과 부동산, 가상자산으로 흘러갔다. 자산 가격은 급등했고, 월급만 바라보던 사람들은 하루아침에 가난해졌다. "어제와 같은 삶을 살았을 뿐인데, 오늘은 빈곤층이 되었다." 그게 바로 벼락거지 용어가 탄생하게 된 배경이다.

　하지만 이 역시 단순히 운이 없어서가 아니다. 금리가 낮아지고, 유동성이 풍부해지면 어떤 자산에 먼저 영향을 주는지, 어디에 먼저 기회가 생기는지를 배우지 못했기 때문이다.

즉, 본질은 자산과 노동의 가치가 엇갈리는 게임이었고, 그 게임의 룰이 바로 '금리'였던 것이다. 우리는 그 룰을 모르고 있었을 뿐이다. 이렇게 빈부 격차는 점진적으로 나타나는 것이 아니라, "눈 떠보니 벼락거지가 되었다"라는 말이 나올 정도로 단숨에 발생하는 것이고, 그 현실을 우리는 벌써 10년 주기로 두 차례 경험했다.

"영끌" 왜 무리해서 집을 사는가

그 반대편에는 '영끌족'이 있다. "지금 안 사면 벼락거지가 된다.", "전세는 끝났다, 사야한다."는 말들에 이끌려서 불안과 공포, 조바심에 영혼까지 끌어모아 집을 산 것이다. 그러나 몇 년 뒤에 고금리 시대가 도래하자, 그들은 이자 부담에 허덕이며 실질소득을 잠식당했다. 그들의 선택은 잘못이었을까? 아니면 금리에 대한 무지가 초래한 필연적인 결과였을까? 부동산은 결국 '금리의 함수'이다. 그래서 금리를 알아야 한다.

누군가는 말할 것이다. "그걸 왜 그때 샀냐고?", "너무 무리한 거 아니었냐고?" 하지만 질문을 바꿔보자. "그들은 정말 금리의 움직임이 대출 원리금에 어떤 영향을 주는지 알고 있었을까?", "고정금리와 변동금리의 차이를 제대로 이해하고 선택한 것일까?"

"흑우" 늦게 뛰어든 투자자들의 후회

한때 사람들은 비트코인, 테슬라, 엔비디아를 사지 않으면 자신만 시대에 뒤처지는 것 같다고 느꼈다. 지금 안 사면 흑우 된다는 말이 농담처럼 회자되기도 했다. 하지만 그런 자산은, 한순간엔 꿈과 희망이었지만 다음 순간엔 폭락의 공포로 다가오기도 한다. 시장 사이클을 모르고, 금리 흐름을 모르면 이 모든 것이 예측 불가능한 롤러코스터가 된다.

결국 흑우가 되지 않기 위해 필요한 것은 남들이 들려주는 투자 팁이 아니라, 경제의 구조와 원리를 꿰뚫는 시야다.

"그래서 앞으로 어떻게 되는 건가요?" 북극성도 없는 항해

투자자들이 가장 자주 던지는 질문 중 하나는 "앞으로 어떻게 될까요?"이다. 하지만 이 질문에는 늘 불안이 담겨 있다. 많은 사람들이 주식 커뮤니티나 온라인 재테크 카페에서 남들이 하는 이야기를 따라잡으려 애쓰고, "뭔가 하지 않으면 뒤처질 것 같다"는 조급함에 휩쓸린다. 그러나 정작 그들이 의지할 '나침반'이나 '북극성'은 없다.

옛날 항해자들에게 북극성은 절대적인 기준점이었다. 그것만으로 모든 풍랑을 피할 수는 없었지만 적어도 어디로 가야 할지를 알려주었기 때문이다. 투자에서 금리는 바로 그런 존재다. 금리를 알면 통화 정책의 방향을 짐작할 수 있고, 자산 가격이 어느 쪽으로 기울 가능성이 큰지 가늠할 수 있다. 물론 금리를 공부한다고 해서 내일의 주가나 부동산 가격을 맞출 수는 없다. 단, '엉뚱한 방향으로 항해하지 않게 하는 힘'은 얻을 수 있게 된다.

따라서 금리를 안다는 것은 단순히 숫자를 외우는 일이 아니다. 그것은 복잡한 자산시장 속에서 자신만의 기준점을 세우는 일이며, 불확실한 시대를 헤쳐 나가는 최소한의 방향 감각을 갖는 것이다.

자본주의 게임에서
금리는 생존 필수조건

04

 그래서 우리는 금리를 배워야 한다. 그리고 자본주의는 단 하나의 규칙을 따른다. 바로 금리다. 금리는 곧 돈의 가격이며, 돈의 가격은 우리의 삶 전반에 영향을 미친다. 어떤 기업이 살아남고 어떤 기업이 망할지를 결정하고, 어느 지역의 부동산이 급등할지를 결정하며, 당신 월급의 실질 가치가 상승할지 하락할지를 결정한다.

 하지만 우리 교육 시스템은 금리를 가르쳐주지 않았다. 성실히 일하고 저축하라는 조언만 남겼을 뿐, 금리가 낮을 땐 무엇을 해야 하고, 높아질 땐 무엇을 조심해야 하는지는 알려주지 않았다. 이 책은 그 빈틈을 메우기 위한 시도다. 우리는 이 책을 통해 단순히 경제이론을 설명하려는 것이 아니다. 금리를 알게 됨으로써, 당신이 더 나은 선택을 할 수 있게 되기를 바란다. 그것이 대출이든, 집이든, 주식이든, 당신의 인생 전략이든 간에 말이다.

 물론 금리에 대한 내용은 이미 많은 책에서 다뤘다. 그럼에도 불구하고, 우리가 이 책을 쓰는 이유는 단 하나다. 당신이 자본주의 게임의 핵심 룰인 '금리'에 관심을 갖도록 하기 위해서다. 우리가 살아가는 이 세계는 자본주의와 개방 경제가 유일한 게임이다. 그리고 금리는 그 게임의 규칙이며, 통화정책과 재정정책은 게임에서 살아남기 위한 유일한 공략집이다. 설령 당신이 억울하더라도 이제는 자본주의의 규칙을 이해하고, 그 속에서 당신의 삶의 전략을 새롭게 수립하는 것이 필요하다.

금리를 알면, 사기를 당하지 않는다. 부추김에 떠밀려 잘못된 선택을 하지 않는다. 그리고 기회를 알아볼 수 있는 '선구안'이 생긴다. 이미 부동산과 주식 가격 상승으로 빈부 격차가 벌어졌다고 생각할 수도 있다. 하지만 분명히 또 다른 기회는 온다. 중앙은행의 통화정책 사이클은 긴축과 완화를 반복하기 때문이다. 만약 당신이 금리와 경제 정책을 이해하기 시작한다면 다음 기회가 왔을 때, 그것이 진짜 기회인지 가짜 기회인지 구별할 수 있는 안목을 갖게 될 것이다.

이 책은 그 여정의 출발점이다. 금리라는 이름의 룰북을 이해하는 순간, 자본주의 게임은 전혀 다른 방식으로 보일 것이다. 나아가 금리를 기반으로 하는 채권 상품은 무엇이고, 투자 시점은 어떻게 결정해야 하는지, 무엇이 중요한 지표가 되는지도 이해하게 될 것이다.

채권 투자의 정석

금리와 신용,
구조를 읽는 힘

01

채권 세계로 입문하기

채권이란 무엇인가?
'돈을 받을 권리'를 사고파는 금융상품

채권이란 '돈을 받을 권리를 증명하는 문서', 다시 말해 채무(빚)를 기록한 증서라고 정의할 수 있다. 일반적으로 개인보다는 신용도가 높은 정부와 기업이 발행하는 경우가 많다. 왜냐하면 채권은 기본적으로 돈을 빌리는 행위와 같기 때문에, 돈을 빌려주는 사람(투자자 입장) 입장에서는 '갚을 능력' 있는 상대를 선호하기 때문이다.

예를 들어 정부는 사회 기반시설 건설이나 복지정책을 위한 재원을 마련하기 위해 채권을 발행할 수 있고, 기업은 공장 신설, 제품 개발 등 사업 확장을 위한 자금을 조달하기 위해 채권을 발행한다. 이때 채권을 사는 사람은 돈을 빌려주며, 그 대가로 일정한 이자 수익과 만기 시 원금 상환을 약속 받는다.

채권의 가격은 어떻게 결정되는가?

채권은 단순히 이자를 주는 상품이 아니라, 시장 가격이 존재하는 투자 자산이다. 채권의 가격은 몇 가지 주요 요소에 의해 결정된다.

1) 채무자의 신용도

돈을 빌린 사람(채권 발행자)이 돈을 잘 갚을 수 있는가? 신용도가 높을수록 안전한 채권으로 간주되며, 이자는 낮고 가격은 높게 형성된다. 반대로 신용도가 낮다면 이자를 높게 줘야 하므로, 채권 가격은 낮아진다.

2) 상환 시점(만기)

돈을 언제 돌려받을 수 있는가도 중요하다. 같은 금액을 빌려줬더라도 빨리 돌려받을수록 안정성이 크고, 그렇기 때문에 이자율이 낮아지고, 채권 가격은 높게 책정된다. 반대로 상환 시점이 멀수록 투자자는 그만큼 불확실성과 위험을 감수해야 하므로, 이자율은 높고 채권 가격은 낮아지는 경향이 있다.

이처럼 채권은 원금과 이자를 지급받는 고정 수익 상품이면서도, 시장 상황과 금리에 따라 가격이 변동하는 자산이다. 이러한 채권의 시장가치 결정 구조에 대해서는 이후 장에서 더 깊이 살펴볼 예정이다.

주식과 채권의 차이점은?
'지분'과 '채권'의 결정적 차이

돈을 빌려준 사람 vs 함께 사업하는 사람

채권을 정확히 이해하기 위해서는 자주 비교되는 또 다른 금융상품, 바로 주식과의 차이를 함께 살펴보는 것이 좋다. 채권과 주식은 모두 기업이 자금을 조달하는 수단이다. 하지만 이 둘은 본질적인 성격이 다르다. 가장 간단한 비교는 다음과 같다. 채권은 돈을 빌려주는 것이고, 주식은 회사의 공동 주인이 되는 것이다.

즉, 채권 투자자는 돈을 빌려준 외부 채권자로서, 기업에 대한 소유권은 없지만 확정된 상환 약속을 받는 반면, 주주는 회사의 일부를 소유한 공동 소유자로서 불확실한 이익과 손해 모두를 나눠 가지는 관계인 것이다.

기업이 파산하면, 누가 먼저 돈을 받는가?

이 차이는 위기 상황에서 더욱 분명하게 드러난다. 만약 어떤 기업, 예를 들어 A기업이 청산, 즉 사업을 종료하게 된다면, A기업은 자신이 보유하고 있는 자산을 매각해 빚을 갚아야 한다.

이때 돈을 우선적으로 돌려받는 사람은 채권자이다. 법적으로도 채권자는 기업에 대해 확정된 채무청구권을 갖고 있기 때문에, 기업이 자산을 정리한 뒤 가장 먼저 보상받는 집단이 된다. 반면, 주주는 다르다. 주식은 부채가 아니기 때문에, 채무가 모두 정리되고 '남은 자산'이 있을 때에만 배분받을 수 있다. 경우에 따라서는 한 푼도 받지 못할 수도 있다.

반대로 기업이 성장하면, 누가 더 많이 버는가?

이 경우는 정반대의 결과가 나타난다. 채권자는 약정된 이자와 원금만 받는다. 아무리 A기업의 수익이 늘어나도, 더 받을 수는 없다. 반면, 주주는 기업 가치 상승의 혜택을 고스란히 공유한다. 주가가 상승하거나, 배당금이 늘어나거나, 신사업이 성공할 경우에는 기업 가치가 커지면 그 몫은 고스란히 주주의 자산으로 돌아오기 때문이다. 즉 채권은 안정성을, 주식은 성장성과 위험을 각각 특징으로 갖는 투자 방식이다.

사례로 살펴보는 주식과 채권의 권리 차이

보다 직관적으로 이해하기 위해, 다음과 같은 가상의 시나리오를 살펴보자. A기업의 자산가치는 100원, 50원, 150원으로 변화할 수 있고, 두 명의 투자자가 있다고 가정하자. 투자자 B는 A기업에 채권 70

원어치를 보유하고 있고, 투자자 C는 A기업의 주식 30원어치를 보유하고 있다.

1) A기업의 자산 가치 = 100원

A기업이 청산되면, B는 자신이 보유한 채권 70원을 전액 상환받는다. 나머지 자산 30원은 C에게 돌아간다. 즉 채권자와 주주 모두 손실 없이 자금을 회수하거나 이익을 얻는 상태가 된다.

2) A기업의 자산 가치 = 50원

A기업이 보유한 자산이 50원밖에 없기 때문에, 채권자 B는 일부만 상환받는다. 즉 손실이 20원 발생하게 된다. 주주 C는 한 푼도 받지 못한다. 결국 주주는 완전 손실, 채권자도 일부 손실이 발생한다.

3) A기업의 자산 가치 = 150원

채권자 B는 계약된 70원을 전액 상환받는다. 남은 80원은 주주 C가 모두 배분받는다. 즉 채권자는 확정 수익을, 주주는 큰 수익을 실현하게 된다.

정리하면 주식과 채권, 당신의 투자 성향에 따라 선택하라는 것이다. 이처럼 채권은 보수적이고 안정적인 수익을 추구하는 투자자에게 적합하며, 주식은 성장 가능성과 장기적인 자산 상승을 노리는 투자자에게 맞는 금융상품이다. 투자를 시작하기 전, 내가 감당할 수 있는 위험 수준과 기대 수익의 성격을 명확히 이해하고, 그에 맞는 자산을 선택하는 것이 중요하다.

투자자 관점에서 본 채권과 주식의 비교

구분	채권	주식	공통점
의미	돈을 빌려주고 이자와 원금을 받는 증권	기업의 소유권을 나타내는 증권	둘 다 투자 수단, 금융자산
수익원	이자수익 (고정) + 만기 상환	배당수익 (불확실) + 주가 상승 차익	투자로 인한 수익 추구
위험 수준	상대적으로 낮음 (신용위험, 금리위험)	상대적으로 높음 (경영위험, 시장위험)	원금 손실 가능성 있음
소유자 권리	채권자는 채무자, 이자 원금 청구권만 있음	주주는 기업 소유자, 의결권 배당청구권 있음	둘 다 법적으로 정해진 권리·의무가 있음
만기	있음 (ex 3년, 10년 등)	없음 (영구적)	시장에서 거래 가능
발행 목적	자금 조달 (주로 부채로)	자본 조달 (지분 확대로)	기업·정부의 자금 조달 목적
시장 변동성	금리 변동, 신용등급 변화에 영향받음	기업 실적, 시장 심리, 경제 상황에 영향받음	모두 시장 가격이 실시간 변동
우선순위	파산 시 주주보다 먼저 상환됨	파산 시 채권자보다 후 순위, 잔여자산 청구권 가짐	기업이 파산하면 둘 다 손실 위험 있음
세금 처리	이자소득세 적용	배당소득세, 양도소득세 적용	수익에 대한 과세 있음

채권의 역사와 진화

전쟁과 국가, 채권이 만들어낸 근대 자본의 풍경

현대 금융시장에서 채권은 너무나도 일상적인 투자 수단으로 여겨진다. 하지만 그 출발을 살펴보면, 채권은 단지 '금융상품'이 아니라 국가와 전쟁, 정치와 재산권이 얽힌 거대한 사회 구조의 산물임을 알 수 있다.

고대에도 있었던 '채무의 기록'

채권의 개념 자체는 결코 새로운 것이 아니다. 고대 메소포타미아 문명에서도 상인 간의 금전 대차 계약을 점토판에 기록해 증빙하는 사례가 있었고, 중세 유럽의 길드 상인들도 채무와 이자를 기록으로 남기는 전통을 가지고 있었다.

하지만 오늘날 우리가 말하는 의미의 채권, 즉 대규모 자금 조달을 위한 정부 또는 기업의 공적 금융증서로서의 채권은 근대 유럽에서 본격적으로 태동하기 시작했다. 그 시작에는 두 가지 결정적인 배경이 존재한다.

첫 번째 배경: 강해진 '재산권' 인식

중세까지 국가는 보통 세금을 통해 재정을 확보했다. 하지만 근대로 접어들면서 특히 유럽에서는 상공업이 발달하고, 자산을 보유한 계층이 늘어나면서 '재산권'에 대한 의식이 급속도로 강화됐다. 더 이상 국가는 시민들의 자산에 무제한적으로 손을 대는 것이 허용되지 않았다.

그 결과, 국가는 조세가 아닌 금전 대차 방식, 즉 '자발적 대출'을 통한 자금 조달로 눈을 돌리게 된다. 국민들에게 "돈을 빌려주세요, 대신 이자를 드리겠습니다"라고 요청하게 된 것이다. 이 과정은 단순한 자금 조달 이상의 의미가 있다. 이는 곧 시민과 정부가 신용을 매개로 협력하게 된 첫 번째 금융 메커니즘이기 때문이다.

두 번째 배경: 전쟁의 비용

또 하나의 중요한 요인은 전쟁의 규모 확대다. 16세기 이후 유럽은 끊임없는 영토 확장과 종교 전쟁, 왕위 계승 전쟁에 휘말리며 국가가 감당해야 할 전쟁 비용은 기하급수적으로 늘어났다. 조세만으로는 더 이상 감당할 수 없는 수준에 도달하자, 국가들은 대규모 자금을 한꺼번에 확보할 수 있는 수단을 모색하게 되었다.

이때 채권은 전쟁 자금 조달의 핵심 수단으로 부상했다. 대표적인 사례가 나폴레옹 전쟁 시기의 영국 채권 발행이다. 당시 영국은 막대한 전비를 충당하기 위해 전쟁 채권을 대규모로 발행했고, 이를 기반으로 프랑스에 대항할 수 있는 군사적 토대를 마련했다. 이 과정에서 로스차일드 가문은 채권 유통과 환전업을 통해 막대한 수익을 올리며 현대 금융 자본가의 상징으로 떠오르게 됐다.

제1차 세계대전 당시 발행된 미국 정부의 전시국채

출처: Wikiwand

전쟁채권 War Bonds

이후 채권은 단순한 금융상품을 넘어 국가 생존의 수단으로 활용되기 시작했다. 제1차, 2차 세계대전 중 미국과 영국 등은 전쟁 자금을 국민에게서 빌리는 방식으로 충당했고, 이를 위해 판매한 것이 바로 전쟁채권이다. 특히 미국은 이 채권을 'Liberty Bond'라 부르며 애국심을 자극했고, 연예인과 정치인이 앞장서 홍보하면서 전 국민적 모금 운동으로 확신시켰다. 이는 단순한 채권 발행이 아닌, 국가와 시민이 공동으로 전쟁에 참여하는 정치경제적 프로젝트였다.

건국국채

채권은 또한 신생국가들이 경제를 일으키기 위한 핵심 자금 조달 수단으로도 활용됐다. 대한민국도 예외는 아니었다. 1960년대 박정희 정부는 경제개발 5개년 계획을 추진하면서 산업 인프라 구축과 수출 기반 형성을 위해 대규모 자금이 필요했다. 이 자금을 마련하기 위해 정부는 국채를 발행했고, 이를 통해 당시 자본이 절대적으로 부족했던 한국 사회에 공공 투자 기반을 구축할 수 있었다. 이러한 채권은 따로 '건국국채'라 불리며, 국가 경제의 뼈대를 세운 자금의 출발점이 됐다.

영국 의회채권

18~19세기 영국에서는 의회 주도로 국책사업이 진행되었다. 도로 건설과 항만 개발, 공공시설 확충 등 대규모 인프라 사업에 필요한 자금은 의회가 승인한 형태로 의회채권 Parliamentary Bonds이 발행되었다. 이는 국가 재정이 보다 투명하고 계획적으로 운영되는 시작점이자, 현대 국채 시스템의 시초라 할 수 있다. 즉, 채권은 단지 '돈을 빌리는 수단'이 아니라 국가와 시민이 예측 가능한 방식으로 미래를 설계하는 계약 도구로 자리 잡기 시작한 것이다.

채권 실패 사례: 신뢰를 잃은 국가의 교훈

물론 모든 채권이 성공적인 스토리로 끝나지는 않는다. 북한은 1950년 한국전쟁 당시 '인민경제발전채권'을 발행해 전쟁 자금을 조달했

인민경제발전채권 일백원

국립중앙박물관 e뮤지엄

다. 당시 액면가 100원으로 시작한 채권은, 1970년대 들어 사실상 부도 처리되었으며 이후 어떠한 상환도 이루어지지 않았다. 현재는 국제 금융시장에서 신뢰를 잃은 사례로 회자되며, 몇몇 수집가들 사이에서만 역사적 기념품처럼 거래되고 있다.

청나라와 중화민국 역시 각종 인프라 개발과 전쟁 비용 마련을 위해 국제 시장에 채권을 발행한 바 있다. 그러나 국공내전과 중화인민공화국 출범 이후, 새 정권은 이전 정부의 채권과 채무를 일체 승계하지 않겠다고 선언했다. 이로 인해 해당 채권은 사실상 종잇장으로 전락했고, 현재는 수집용으로만 희소한 가치를 가지는 역사 유물로 남아 있다.

예금과 채권, 무엇이 다른가?

같은 듯 다른 두 금융상품, 그리고 그 차이를 이해해야 하는 이유

우리는 평소에 금융상품을 선택할 때 흔히 예금을 떠올린다. 은행에 돈을 맡기고, 만기가 되면 원금과 이자를 돌려받는 것. 많은 사람들이 금융상품에 입문할 때 가장 먼저 접하게 되는 것도 예금이다. 하지만 예금과 비슷하면서도 전혀 다른 성격을 지닌 상품이 있다. 바로 채권이다.

예금처럼 정해진 이자를 지급받고 원금을 돌려받는 구조이지만, 그 작동원리와 투자자로서의 권리는 매우 다르다. 이 장에서는 예금과 채권의 차이를 중심으로, 왜 어떤 시기에 예금이 아닌 채권에 주목해야 하는지, 그리고 그 판단 기준이 되는 '금리'란 무엇인지를 구체적으로 살펴본다.

1) 유동성: 예금은 묶이고, 채권은 거래된다

예금은 정해진 만기까지 돈을 맡겨두는 방식이다. 만기 이전에 중도해지를 한다면, 일반적으로 약속된 이자를 온전히 받을 수 없다. 만약 해지가 자유로운 예금 상품이라 하더라도, 그 경우는 대부분 이자율이 낮은 입출금 통장 형태일 가능성이 높다. 반면, 채권은 다르다.

채권은 금융시장에서 거래 가능한 유가증권이기 때문에, 보유 중인 채권을 중도에 다른 투자자에게 매각함으로써 현금화할 수 있다. 물론 여기에도 조건은 있다. 채권의 유동성(시장 내 거래 가능성)과 매각 시점의 시장금리, 그리고 거래 수수료 등에 따라 손익이 달라질 수 있기 때문이다. 하지만 핵심은 이렇다. 예금은 중도 해지 시 손해를 보더라도 이자를 포기해야 하는 '고정형 상품'인 반면, 채권은 시장에서 매각함으로써 그 시점의 금리에 따라 가격을 결정받고 현금화할 수 있는 '거래 가능한 상품'이라는 점이다.

2) 만기의 다양성: 채권은 길게도, 짧게도 투자할 수 있다

예금을 여러 번 가입해본 사람이라면 쉽게 알 수 있다. 대부분의 예금 상품은 만기가 6개월~2년 정도로 정해져 있으며, 금리도 은행 간 큰 차이가 없다. 반면, 채권은 발행 주체와 상품 종류에 따라 만기 구조가 매우 다양하다. 정부가 발행하는 10년, 20년, 30년짜리 초장기 국채가 있는가 하면, 한국전력공사와 같은 공기업이나 대기업이 발행한 1~3년짜리 단기 회사채도 존재한다.

투자자는 자신의 자금 운용 계획과 위험 감내 성향에 따라 만기를 조절할 수 있다. 짧게는 몇 개월, 길게는 수십 년짜리까지 선택 가능하다는 점에서 예금보다 훨씬 넓은 스펙트럼의 자금 운영이 가능한 상품군이다.

3) 신용도와 보장 구조: 예금은 보험이 있고, 채권은 등급이 있다.

예금의 가장 큰 장점은 바로 예금자보호제도다. 한국에서는 예금보험공사가 은행 파산 시에도 예금자당 최대 1억 원까지 원리금을 보장해준다. 이러한 제도 덕분에 예금은 일반적으로 원금 보장형 금융상품으로 여겨진다. 다만, 이 보호는 '은행'이라는 전제가 있을 때만 작동하며, 은행 외 금융기관의 상품이나 외국계 은행의 상품은 보장이 제한되거나 제외될 수 있다.

반면, 채권은 원금 보장 제도가 없다. 즉, 발행 주체가 파산하면 투자자는 손실을 감수해야 할 수 있다. 그렇기 때문에 채권에는 신용등급이라는 개념이 존재한다. 국가(특히 선진국 정부)가 발행하는 국채는 디폴트 가능성이 매우 낮아, 가장 안전한 채권으로 분류된다. 반면, 신용등급이 낮은 기업이 발행하는 채권은 높은 수익률을 제시하지만, 그만큼 위험도 크다.

이처럼 채권은 신용등급이라는 지표를 통해 위험-수익률 균형을 조정할 수 있으며, 예금은 일정 수준의 보험으로 보호받지만 수익률은 상대적으로 제한적이다.

4) 가격변동성: 예금은 정적이고, 채권은 동적이다

예금은 만기까지 일정한 금리를 그대로 쌓아나가는 구조다. 시장금리가 오르거나 내리더라도, 예금 가입자는 그 영향을 받을 수 없다. 예금이 '고정 이자 수익'이라는 특징을 갖는 이유다. 하지만 채권은 다르다. 채권의 가격은 시장금리에 따라 실시간으로 변한다. 그리고 이 변동성은 때로는 예금과 비교할 수 없을 정도의 기회를 제공하기도 한다.

예를 들어보자. A 투자자는 3%짜리 30년 만기 국채를 매수했다. 반면, B 투자자는 같은 금액을 3%짜리 30년 정기예금에 가입했다. 1년 후 경기침체가 예고되면서 중앙은행이 금리 인하 사이클에 들어갔다.

이때 채권 투자자 A는 남은 29년 동안 3%라는 고금리를 보장받는 자산을 갖고 있게 된다. 이 자산은 금리가 내려간 시장에서 희소성 있는 투자처가 되기 때문에, 채권 가격은 상승하게 된다. 즉, A는 채권을 보유한 채 이익을 지속적으로 얻거나, 시장에 매도해 차익을 실현할 수도 있다. 반면, B는 예금 만기까지 기다리는 것 외에 다른 선택지가 없다. 기회가 왔을 때 움직일 수 없는 자산인 것이다.

그리고 만약 A가 채권을 적절한 시점에 매도하고, 금리 인하가 끝난 시점에 다시 더 높은 기대수익률을 제공하는 다른 자산에 재투자한다면, 예금 투자자 B 입장에서는 눈뜨고 기회비용을 잃게 되는 셈이다. 이처럼 채권은 단순한 고정 수익 자산이 아니라, 시장 상황에 따라 유연하게 전략을 조정할 수 있는 움직이는 금융상품이다.

투자자 관점에서 본 채권과 예금의 비교

구분	채권	예금	공통점
의미	발행자(정부·기업)가 투자자로부터 돈을 빌리고 일정 이자와 원금 상환을 약속한 증서	고객이 금융기관에 돈을 맡기고 일정 기간 후 원금과 이자를 받는 금융상품	원금 + 이자 수취 가능, 수익성 있는 금융상품
발행 주체	정부, 공공기관, 기업	은행, 저축은행, 신용협동조합 등 금융기관	신뢰할 수 있는 발행·운영 주체 필요
수익 원천	약정된 이자와 만기 상환	약정된 예금 이자	계약에 따른 이자 수익 발생
위험 수준	신용위험, 금리위험, 유동성 위험 존재	예금자보호(일정 한도 내)로 상대적으로 안전	원금 손실 위험은 있지만 상대적으로 낮음 (특히 우량 채권, 예금)
만기	정해진 만기 있음 (예: 1년, 5년, 10년)	정해진 만기 있음(정기예금), 요구불예금(수시입출금)은 만기 없음	특정 기간 동안 자금을 묶는 형태 가능
시장성	시장에서 매매 가능 (유통 가능)	예금은 시장에서 매매 불가능, 은행에서만 해지·인출 가능	둘 다 약정 기간 이전 해지하면 불이익 발생 가능
보장 여부	발행기관 신용에 의존, 예금자보호제도 적용 안됨	1인당 5천만 원까지 예금자보호제도 적용	둘 다 발행·운영 주체의 신용도와 안정성에 크게 의존
예시	국채, 회사채, 지방채 등	정기예금, 정기적금, MMDA, 수시입출금예금	개인과 기관 모두 이용 가능

예금가입보다 동적인 채권 투자

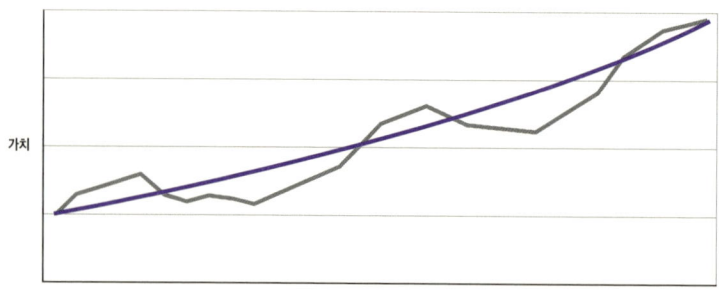

02 금리라는 자본주의의 규칙 이해하기

금리는 이미 우리 일상에 있다

1) 돈의 가치, 인생의 선택을 결정짓는 힘

앞서 살펴본 예금과 채권의 차이는 결국 '금리'라는 핵심 변수로 귀결된다. 금리를 모르면 채권과 예금의 장단점을 판단할 수 없으며, 자금 운용 전략 역시 수동적일 수밖에 없다. 금리를 가장 쉽게 정의하면, 돈의 가격이다. 금리가 낮다는 것은 내가 가진 돈의 가치가 낮다는 것이고, 금리가 높다는 것은 내가 가진 돈의 희소성이 크다는 뜻이다. 쉽게 말해, 돈이 흔하면 높은 이자를 줄 필요가 없고, 돈이 귀하면 높은 값을 치르고라도 빌리게 된다. 이 간단한 원리는 생각보다 훨씬 더 넓은 영향을 끼친다.

2) 금리는 모두에게 똑같이 작용하지 않는다

금리가 하락했다고 해서 모두가 환영할까? 그렇지 않다. 대출이 많은 사람은 금리 하락이 반갑다. 하지만 예금 이자로 노후를 대비하던 고령층에게는 금리 하락이 수입 감소를 의미한다. 반대로 금리가 상승했다고 모두가 손해를 볼까? 그 역시 아니다. 주택을 이미 보유한 자산가에게는 수혜가 될 수 있다. 낮은 금리에 주택을 매입했던 사람은 금리 상승기에 매수 심리가 자극되면서 자산 가치가 오르는 효과를 경험할 수 있기 때문이다(금리가 더 오르기 전에 새집을 마련하거나 상급지로 갈아타려는 대기 수요자들의 주택 매수 급증 현상을 종종 경험). 하지만 대출이 많은 자영업자, 전세대출로 버티는 실수요자에게는 금리 인상이 이자 부담의 가중으로 다가온다.

3) 금리, 단순한 숫자가 아닌 생존의 지표

기업은 금리에 따라 투자 계획을 조정하고, 가계는 대출 여부와 규모를 판단하며, 정부는 금리를 통해 경기 조절의 수단을 행사한다. 그리고 이 모든 흐름은 당신의 월급과 집값, 소비, 자산과 긴밀하게 연결되어 있다. 금리는 숫자가 아니다. 금리는 곧 당신의 인생 전략을 설계하는 핵심 변수이며, 그 움직임을 이해하는 순간, 당신은 금융시장의 수동적 소비자가 아닌 능동적 선택자가 될 수 있다.

금리의 종류

―

채권 투자에 있어서 '금리'란 단순히 이자를 의미하는 것이 아니라, 다양한 방식으로 정의되고 해석되는 복합적인 개념이다. 금리는 투자 수익률을 나타내는 주요 지표이자, 자산 가치 평가에 영향을 주는 중요한 변수로 작용한다. 대표적인 금리의 종류는 표면금리와 만기수익률 Yield to Maturity(이하 YTM)이 있으며, 각각의 개념은 투자자가 채권을 이해하고 평가하는 데 필수적인 기준이 된다.

1) 표면금리 Coupon Rate

표면금리는 '명목금리' 또는 '고정 이자율'로도 불리며, 채권이 발행될 때 결정되는 고정 이자율을 뜻한다. 이는 채권의 액면금액(Face Value 또는 Par Value)을 기준으로 매년 지급되는 이자율을 말하며, 발행 시점에서 이미 확정된 수치이다.

예를 들어 액면가가 100억 원이고 표면금리가 5%인 채권이라면, 투자자는 매년 5억 원의 이자를 정기적으로 지급받게 된다. 이처럼 표면금리는 채권의 명세서에 명시되어 있으며, 만기일까지 고정적으로 적용되는 것이 일반적이다.

표면금리는 세법상 과세 기준이 되는 이자소득 산정의 근거가 되기 때문에 법적, 회계적으로도 중요한 의미를 가진다. 그러나 투자자가 실제로 얻는 수익률을 대표하지는 않으며, 특히 채권이 발행 이후 유통시장에서 거래될 경우 그 의미는 상대적으로 축소된다. 이미 발행된 채권이 고정된 표면금리를 가지고 있다 하더라도, 시장금리나 채권 가격이 변동하면 실제 투자 수익률은 달라지기 때문이다. 다시 말해, 표면금리가 높은 채권이라도 현재 시장가격이 프리미엄을 반영해 높게 형성되어 있다면, 실질적인 수익률은 오히려 낮아질 수 있다.

따라서 표면금리는 채권 발행 당시의 조건을 반영하는 기초 정보에 가깝고, 투자자 입장에서 중요한 것은 그 시점의 시장상황을 반영한 실질 수익률이다.

2) 만기수익률 YTM

표면금리가 연간으로 지급받는 이자에 대한 정보를 알려준다면, 만기수익률은 투자자가 채권을 현재 가격에 매수하여 만기까지 보유했을 때 기대할 수 있는 연평균 수익률을 의미한다. 이는 채권 투자에서 가장 핵심적인 지표로, 주식의 내부수익률 IRR 개념과 유사하다. YTM은 표면금리뿐만 아니라 현재 채권 가격, 만기까지의 잔여 기간, 액면가 등 다양한 요소를 종합적으로 고려하여 산출된다.

YTM은 단순히 매년 받는 이자뿐만 아니라, 만기 시 원금 상환과 채권 보유 기간 동안의 자금 흐름 전체를 현재 가치로 환산해 계산된다. 즉 미래에 발생할 일련의 현금흐름(이자 및 원금 상환액)을 현재 시점에서 할인하여 현재가치로 만든 뒤, 이 현재가치가 실제 채권 가격과 일치하도록 만드는 할인율을 구하는 방식이다. 이 할인율이 바로 만기수익률이다.

YTM을 계산할 때는 일정한 전제가 따른다. 우선 모든 이자 지급액은 동일한 YTM 수준에서 재투자 된다고 가정하며, 채권은 만기까지 보유된다고 본다. 예를 들어 4년 만기 채권의 표면금리와 액면가가 고정되어 있고, 시장에서 이 채권의 현재 가격이 알려져 있다면, 투자자는 이러한 정보를 바탕으로 YTM을 산출할 수 있다. 일반적으로 이 계산은 금융계산기나 엑셀 함수, 또는 채권 가격 공식에 의해 수치적으로 접근된다.

결국 YTM은 채권 가격과 반비례 관계를 가지며, 시장금리의 변화에 따라 실시간으로 변동한다. 표면금리는 고정되어 있지만 YTM은 시장에서의 실제 거래 가격에 따라 달라지는 '실질 수익률'이라는 점에서, 채권 투자의 성패를 가르는 결정적인 지표로 간주된다. 특히 금리 변동성이 큰 시기에는 YTM 분석을 통해 채권의 상대적 매력도를 판단하는 것이 필수적이다.

YTM과 표면이자를 통한 채권 가격의 도출 산식

$$\text{채권 가격} = \frac{\text{표면이자}}{(1+YTM)^1} + \frac{\text{표면이자}}{(1+YTM)^2} + \frac{\text{표면이자}}{(1+YTM)^3} + \frac{\text{표면이자} + \text{액면가액}}{(1+YTM)^4}$$

채권 가격 형성 원리

채권 투자의 본질은 '미래의 현금흐름을 오늘 얼마에 살 것인가'라는 질문에서 출발한다. 채권은 매수 시점에서 이자율과 만기, 원금 상환 조건 등 주요 현금흐름이 이미 정해져 있는 금융상품이다. 따라서 투자자가 관심을 가져야 할 핵심은 확정된 미래 현금흐름의 '현재 가치'다. 바로 이때 등장하는 개념이 할인Discounting이다.

1) 할인의 개념 이해하기

할인이란 미래에 받을 돈을 현재 시점의 가치로 환산하는 과정을 의미한다. 이는 단순한 수학적 기교가 아니라 금융 전반을 꿰뚫는 원리로, '시간의 가치Time Value of Money'라는 이론적 기반 위에 서 있다. 돈은 시간에 따라 그 가치가 달라진다. 당장 사용할 수 있는 1만 원은 미래에 받을 1만 원보다 더 가치 있다. 그 이유는 간단하다. 현재의 1만 원은 투자와 저축, 소비 등을 통해 부가적인 가치를 창출할 수 있지만, 미래의 1만 원은 아직 손에 없는 불확실한 가치이기 때문이다.

예를 들어 연이율 3%의 예금이 있다고 가정해 보자. 오늘 1만 원을 예치하면 1년 후에 10,300원을 받을 수 있다. 그렇다면 반대로 1년 후 10,000원을 받는다고 할 때, 이 돈의 현재 가치는 얼마일까? 동일한 3%의 금리를 적용하면 약 9,709원이다. 즉, 1년 후의 10,000원을 지금 환산하면 9,709원이 되는 셈이다. 이처럼 미래의 현금흐름을 오늘의 돈으로 바꾸는 과정을 할인이라고 하며, 채권 가격은 이 원리를 바탕으로 결정된다.

채권은 투자하는 시점에 미래의 현금흐름이 정해져 있다는 점에서 예금과 유사하다. 차이는 예금이 은행 이자율에 따라 원금과 이자를 지급하는 반면, 채권은 시장금리에 따라 가격이 유동적으로 움직인다는 데 있다. 시장에서는 일반적으로 '공정가치 평가Fair Value' 방식을 통해 채권 가격을 산출하며, 이 과정에서는 시장금리를 할인율로 사용한다.

시장금리는 보통 두 가지 구성 요소로 나뉜다. 첫째는 '무위험 수익률Risk-Free Rate'이며, 이는 정부가 발행한 국채 등 기본적인 신용위험이 없는 자산에서 기대할 수 있는 수익률이다. 둘째는 신용 스프레드Credit Spread로, 발행 주체의 신용도에 따라 추가되는 위험 보상 프리미엄이다. 이 두 요소를 합친 것이 투자자가 사용하는 할인율, 즉 시장금리가 된다.

미래 현금흐름으로 현재가치를 도출하는 방법

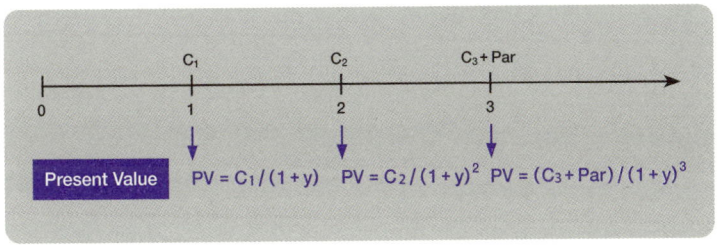

2) 채권 가격의 산출 방식

할인의 개념을 이해했다면 이제 실제 채권 가격이 어떻게 계산되는지 구체적으로 살펴보자. 채권은 정해진 만기까지 일정한 이자Coupon를 지급하고, 만기일에 원금을 상환한다. 이 각각의 현금흐름을 시장금리로 할인한 뒤 모두 합산하면 그 채권의 현재 가격이 도출된다. 다음은 간단한 예시이다.

원금: 10,000원 / 만기: 2년 / 이자: 연 300원 / 현재 시장금리: 연 4%

이 채권을 보유하게 되면 1년 후에는 이자 300원을, 2년 후에는 이자 300원과 원금 10,000원을 합친 10,300원을 받게 된다. 이 두 현금흐름을 현재 가치로 환산하면 다음과 같다.

- **1년 후:** 300원 → 300 ÷ (1.04) = 약 288원
- **2년 후:** 10,300원 → 10,300 ÷ $(1.04)^2$ = 약 9,525원

이 두 금액을 더하면 약 9,813원이 된다. 즉 이 채권의 공정한 시장 가격은 약 9,813원이다. 이처럼 채권의 현재 가치는 미래에 받을 현금흐름을 시장금리로 할인한 합계로 산정된다.

이 계산법을 바탕으로 중요한 사실 하나를 알 수 있다. 시장금리가 상승하면 할인율이 높아지므로, 채권 가격은 하락하고, 반대로 시장금리가 하락하면 할인율이 낮아지기 때문에 채권 가격은 상승한다. 이 원리가 바로 다음 장에서 다룰 '채권 가격과 금리의 관계'의 핵심이다.

채권 가격과 금리는 왜 반비례할까?

채권과 금리의 관계는 금융시장 전반에 걸쳐 가장 기초적이고 중요한 개념 중 하나다. 그리고 그 관계는 매우 단순하다. 금리가 오르면 채권 가격은 하락하고, 금리가 내리면 채권 가격은 상승한다. 왜 그런 것일까? 이해를 돕기 위해 하나의 사례를 들어보자.

어떤 투자자 A가 연 3% 이자를 주는 예금 상품에 가입했다고 가정해 보자. 하지만 바로 다음 날, 시중에 동일한 조건의 예금이 연 5%의 이자를 주는 상품으로 출시되었다. 이때 A는 손해를 본 것처럼 느낄 것이다. 하루만 기다렸다면 더 높은 수익을 얻을 수 있었기 때문이다. 그 차이는 연 2%, 즉 200원의 이자 손실이다.

이 손실은 기회비용으로 해석된다. 그리고 이것이 바로 채권시장에서도 동일하게 적용된다. 과거의 낮은 금리로 발행된 채권은 금리가 상승한 현재 기준으로는 매력도가 떨어지기 때문에, 시장에서는 그 채권을 할인된 가격에 거래하게 된다. 이는 곧 채권 가격의 하락을 의미한다. 반대로 금리가 하락하면, 기존의 높은 금리를 제공하는 채권이 더욱 매력적이므로 채권 가격은 상승한다.

이러한 관계는 수학적으로도 설명이 가능하다. 금리가 변하면 할인율이 바뀌고, 할인율이 바뀌면 채권의 현재 가치(=가격)가 변한다. 예를 들어 금리가 1%p 상승했다면, 이자율이 정해져 있는 기존 채권의 현재 가치는 더 낮은 금리로 발행된 만큼, 새로 발행되는 채권보다 매력도가 떨어지기 때문에 가격이 하락하는 것이다.

금리 민감도와 듀레이션

현업 채권 트레이딩이나 자산운용 부서에서는 채권 가격이 금리 변화에 얼마나 민감한지를 실시간으로 모니터링한다. 이때 사용되는 개념이 바로 금리 민감도Interest Rate Sensitivity와 듀레이션Duration이다.

듀레이션은 특정 채권의 평균 회수 기간을 의미함과 동시에, 금리가 1bp(0.01%) 변할 때 해당 채권 가격이 얼마나 변하는지를 측정하는 지표로 활용된다. 듀레이션이 길수록 금리 변화에 민감하게 반응하며, 반대로 듀레이션이 짧을수록 금리 변화에 덜 민감하다. 이는 곧 장기채권일수록 시장금리의 변동에 더 큰 영향을 받는다는 뜻이기도 하다.

현업에서는 이러한 민감도를 토대로 포트폴리오의 듀레이션을 조정하거나, 금리 전망에 따라 장단기채권 비중을 조절하는 전략을 펼친다. 이는 단순히 채권을 '수익을 주는 안전자산'으로 보는 것을 넘어, 금리 환경 변화에 따른 능동적인 자산운용 전략을 가능하게 해준다. 이와 같은 듀레이션 기반의 전략에 대해서는 3장에서 보다 자세히 다룰 예정이다.

채권 가격과 금리 및 듀레이션의 상관관계

Change in Bond Price

$$\Delta P = -D \times \frac{\Delta y}{1+y}$$

03 채권의 실전 구조와 종류

복리와 채권 단가

투자에서 가장 강력하면서도 꾸준한 효과를 지닌 개념이 있다면 바로 '복리Compound Interest'일 것이다. 위대한 과학자인 아인슈타인은 "복리는 인류의 가장 위대한 수학적 발견"이라며 찬사를 아끼지 않았다는 일화가 있다. 단순히 투자 원금에만 이자가 붙는 단리를 넘어, 복리는 이자에도 이자가 붙는 시간의 마법을 의미한다. 그리고 채권은 이 복리 효과를 체계적으로 활용할 수 있는 가장 대표적인 금융상품 중 하나다.

채권은 일정 주기마다 이자(쿠폰)를 지급하는 구조로 되어 있다. 이 이자수익은 단순히 소비하는 것이 아니라, 같은 수익률로 재투자된다고 가정할 경우 시간이 지날수록 복리 효과가 누적되어 수익률을 끌어올리는 효과가 발생한다. 특히 장기 보유 시 이 복리 효과는 매우 강력하게 작용하여, 초기 투자금액보다 훨씬 높은 가치를 창출할 수 있게 된다.

복리 효과가 수익률에 미치는 영향

복리의 원리를 이해하기 위해 간단한 사례를 살펴보자. 1,000만 원을 연 5% 수익률의 채권에 투자한다고 가정하자. 단리 방식으로 계산하면, 10년 후 이자는 총 500만 원이 되며, 총 자산은 1,500만 원이 된다. 하지만 매년 지급되는 이자를 다시 같은 5% 수익률로 재투자하는 복리 방식이라면, 10년 후 자산은 약 1,628만 원이 된다. 단리 방식에 비해 무려 128만 원의 차이가 발생하는 것이다.

이러한 차이는 시간이 지날수록 더욱 극적으로 확대된다. 이는 복리 효과가 시간과 수익률이라는 두 가지 변수에 의해 기하급수적으로 커지는 성질을 지니고 있기 때문이다. 따라서 투자자가 채권을 단순히 '만기까지 보유해서 이자와 원금을 수령하는 수단'으로만 보지 않고, 중간에 수령한 이자까지도 적극적으로 재투자하는 전략을 취할 경우, 동일한 자산으로도 훨씬 높은 누적 수익률을 실현할 수 있다.

채권 단가와 복리의 관계

채권 단가란 보통 100을 기준으로 표시되는 채권의 가격을 말한다. 예를 들어 채권 단가가 98이라면 액면가 100의 채권을 98에 살 수 있다는 의미이며, 이는 곧 채권을 할인된 가격에 매입하는 것이므로 기대 수익률YTM이 높아진다. 그런데 채권의 단가뿐 아니라, 이자 재투자의 수익률이 복리에 어떤 영향을 주는지도 중요하다.

복리 수익률은 단순히 채권의 표면금리나 YTM만으로 결정되지 않는다. 이자가 지급된 뒤 그것을 어떻게 운용하느냐에 따라 실제 누적 수익률이 달라지게 된다. 특히 투자 기간이 길어질수록, 복리 효과는 원금 대비 수익률을 압도적인 수준으로 끌어올릴 수 있다. 다시 말해, 채권 투자 수익률의 진정한 힘은 단가가 아니라 '이자 재투자의 수익률'에 있다. 이자는 복리의 핵심 자원이자, 장기 투자자에게는 마치 눈덩이처럼 불어나는 자산 증식의 촉매제 역할을 하게 된다.

복리를 고려한 투자 전략의 중요성

복리 효과를 극대화하기 위한 전략으로는 크게 세 가지를 들 수 있다.

1) 이자 수령 시 즉시 재투자할 수 있는 환경 조성

예를 들어 동일한 신용도와 만기를 가진 다른 채권에 이자를 재투자하거나, MMF 및 단기채권형 펀드를 활용할 수 있다.

단리와 복리의 차이

이율	단리 5%	복리 5%
맡긴 금액	1,000만 원	1,000만 원
이자 1	₩41,667	₩41,667
이자 2	₩41,667	₩41,840
이자 3	₩41,667	₩42,015
이자 4	₩41,667	₩42,190
이자 5	₩41,667	₩42,365
이자 6	₩41,667	₩42,542
이자 7	₩41,667	₩42,719
이자 8	₩41,667	₩42,897
이자 9	₩41,667	₩43,076
이자 10	₩41,667	₩43,255
이자 11	₩41,667	₩43,436
이자 12	₩41,667	₩43,617
이자 총합	₩500,000	₩511,619
이자 소득세(15.4%)	₩77,000	₩78,789
수령이자	₩423,000	₩432,830
총 만기 수령액	₩10,423,000	₩10,432,830
차액	₩9,830	

2) 장기 보유 전략 채택

복리는 시간과 함께 누적되는 구조이기 때문에, 짧은 기간보다는 장기적인 투자일수록 효과가 커진다. 따라서 단기차익이 아닌 장기성장 관점에서 채권을 운용하는 것이 바람직하다.

3) 복리 수익률과 단리 수익률의 차이를 이해하고 관리

단순히 YTM을 보고 판단하는 것이 아니라, 실제로 복리 수익률 Effective Yield을 염두에 두고 투자하는 것이 필요하다.

결국 채권 투자의 진정한 성패는 '얼마의 수익률로 얼마나 오랫동안, 그리고 어떻게 이자를 재투자했는가'에 따라 갈린다. 채권은 정기적으로 이자를 지급받는 구조이기에 복리 전략과 매우 궁합이 잘 맞는 자산군이며, 복리의 힘을 이해하고 실천에 옮긴 투자자는 시간이 흐를수록 그 차이를 실감하게 될 것이다.

채권의 종류 총정리

채권은 발행 주체와 구조적 특성에 따라 다양한 유형으로 나뉜다. 투자자가 채권을 선택할 때는 단순한 수익률 비교를 넘어서, 해당 채권의 발행 주체, 이자 지급 방식, 만기 구조, 신용위험 등을 종합적으로 고려해야 한다. 이 장에서는 채권의 대표적인 분류 방식을 중심으로 각 채권의 특성과 유의점을 설명한다.

발행 주체에 따른 분류

1) 국채 Sovereign Bond

국채는 국가가 발행하는 채권으로, 대표적으로 대한민국 정부가 발행하는 국고채가 있다. 일반적으로 정부가 발행한 채권은 파산 가능성이 매우 낮다고 평가되므로 무위험채권 Risk-Free Asset 으로 간주된다. 투자자들은 국채를 기준으로 다른 자산의 위험을 평가하며, 무위험 수익률 Risk-Free Rate 역시 국채 수익률을 기준으로 산정된다. 예금보험이 존재하더라도 국가가 지급불능에 빠질 경우 금융시스템 전체가 흔들리기 때문에, 국채는 금융시장에서 가장 안전한 자산으로 여겨진다.

2) 지방채 Municipal Bond

지방채는 서울특별시, 경기도 등 지방자치단체가 자체 재원을 조달하기 위해 발행하는 채권이다. 국채에 비해서는 상대적으로 낮은 수준의 신용을 가질 수 있지만, 대부분의 지방정부가 국가의 재정지원 하에 있기 때문에 여전히 매우 안전한 자산으로 평가된다. 투자자들은 지방채를 국채의 대체 수단으로 활용할 수 있으며, 일정 조건 하에서는 세제혜택이 부여되기도 한다.

3) 특수채 Government-Backed Agency Bond

특수채는 한국전력공사, 한국도로공사, 한국토지주택공사(LH) 등 공기업이 발행하는 채권을 의미한다. 이러한 기업들은 정부 소유 혹은 지배 구조에 있기 때문에 시장에서는 사실상 정부의 지급보증이 있다고 해석하며, 높은 신용도를 유지하는 경우가 많다. 다만, 국채와 달리 명시적인 국가 지급보증이 있는 것은 아니므로, 신용등급과 시장 상황에 따라 수익률이 달라진다.

4) 회사채 Corporate Bond

회사채는 일반 기업이 발행하는 채권으로, 위험도와 수익률이 모두 높다. 시중은행, 대기업, 중견기업 등 다양한 기업들이 자금조달을 목적으로 발행하며, 발행사의 신용도에 따라 수익률과 위험이 결정된다. 투자 시에는 신용등급, 부채비율, 현금흐름 등의 재무지표를 꼼꼼히 살펴야 하며, 신용평가사의 리포트를 참고하는 것이 일반적이다. 회사채는 위험이 크기 때문에 일반적으로 국채나 특수채보다 높은 이자율을 제공한다.

이자 지급 방식에 따른 분류

1) 이표채 Coupon Bond

가장 일반적인 형태의 채권으로, 일정한 주기에 따라 이자(쿠폰)를 지급한다. 주기는 분기, 반기, 연간 등 다양하며, 이자는 고정금리로 사전에 명시된다. 투자자는 안정적인 현금흐름을 받을 수 있어 예측 가능한 수익을 선호하는 경우에 적합하다.

2) 할인채 Discount Bond

할인채는 만기까지 이자를 지급하지 않고, 액면가보다 낮은 가격에 발행되어 만기 시 액면가를 지급하는 방식이다. 만기 시점의 차익이 곧 이자수익이 되는 구조로, 단기국채(국고채권 91일물 등)나 일부 회사채에 사용된다. 이표채보다 가격은 낮지만 이자 지급이 없기 때문에 단기 보유에 유리하다.

3) 원금채 STRIP Bond

이표채에서 이자 지급을 분리하여 원금만을 따로 떼어낸 채권이다. 일반적으로 장기 투자 목적이나 채권의 듀레이션을 연장하려는 기관투자자들이 선호한다. 이자 지급이 없고, 만기일에 원금만 상환되기 때문에 할인채와 유사한 성격을 지닌다.

4) 변동금리채 FRN, Floating Rate Note

기준금리에 일정한 스프레드를 더해 이자율이 정기적으로 재조정되는 채권이다. 일반적으로 CD 금리나 기준금리를 기준으로 1개월 또는 3개월마다 이자율이 재설정된다 re-fixing. 금리가 상승하는 시기에는 이자 수익이 높아지므로, 금리 인상기에 유리한 구조이다. 반대로 금리 하락기에는 수익이 줄어들 수 있으며, 고정금리채보다 듀레이션이 짧아 금리 민감도가 낮은 것이 특징이다.

다음 예시를 통해 고정이표채와 변동금리채를 비교해보자.

① 고정이표채의 금리 민감도

- **기초 정보**: 원금: 10,000원 / 만기: 2년 / 표면이자율 4% (3개월마다 지급) / 현재 CD (3개월)금리 3% / 시장금리 4% / 현재가치 10,000원

이 고정금리 채권은 시장금리가 변할 경우 채권의 듀레이션을 기준으로 가격 변동이 발생한다. 듀레이션이 2년이라고 가정하면,

- **시장금리가 8%로 상승 시:**

    -2 × 400bp(4%) = -800원 → 채권 가격은 9,200원 (-8%)

- **시장금리가 2%로 하락 시:**

    -2 × (-200bp) = +400원 → 채권 가격은 10,400원 (+4%)

즉, 고정이표채는 시장금리 변동에 직접적인 영향을 받아 채권 가격이 변한다. 금리가 오르면 채권 가치는 떨어지고, 금리가 내리면 반대로 오른다.

② 변동금리채의 금리 민감도

- **기초 정보**: 원금: 10,000원 / 만기: 2년 / 변동금리 이자율 4% (3개월마다 CD

금리+100bp로 리픽싱) / 현재 CD (3개월) 금리 3% / 시장금리 4% / 현재가치 10,000원

변동금리채의 경우, 시장금리가 바뀌면 곧바로 이자율이 조정되므로 채권의 듀레이션이 매우 짧다. 보통 이자 재설정 주기를 만기로 간주한다. 여기서는 3개월(0.25년)을 듀레이션으로 본다.

· **시장금리 8%로 상승, CD금리도 7%로 상승 시:**

  -0.25 × 400bp = -100원 → 채권 가격은 9,900원 (-1%)

· **시장금리 2%로 하락, CD금리도 1%로 하락 시:**

  -0.25 × (-200bp) = +50원 → 채권 가격은 10,050원 (+0.5%)

변동금리채는 3개월마다 금리가 재설정re-fixing되므로 시장금리 변동에 따른 가치 변동분을 채권 만기가 아닌, 이자 재설정 주기(엄밀히 말하면 다음 이자 재설정일까지 잔여기간)을 만기로 설정하여 가치 변동분을 계산해야한다. 그래서 고정이표채보다는 듀레이션이 현저히 짧아지므로 시장금리 변동에 따른 가격 변동 위험이 적어지게 된다.

FRN 가격 산출 참고

FRN은 이자율이 고정되어 있지 않기 때문에 미래의 현금흐름 역시 가변적이다. 따라서 고정이표채처럼 일정 이율로 할인하는 것이 아

니라, 향후의 CD 금리 전망을 반영하여 미래 현금흐름을 계산해야 한다. 이를 위해 이자율 스왑 곡선(IRS 커브)을 사용하여 미래의 CD 금리를 추정하고, 이를 바탕으로 각 이자 지급분을 할인해 현재가치를 구한다.

변동금리채권(FRN)의 가격 산출 방식

$$채권\ 가격 = \sum_{t=0}^{T} \frac{\left\{(1 + F_t) \times 액면 \times \dfrac{이자\ 지급\ 주기}{365}\right\}}{(1 + YTM_t)}$$

$F = CD + 가산금리(변동금리)$
↓
IRS 곡선 통해 도출

특수한 성질을 가진 채권들

채권이라고 해서 모두 단순히 원금과 이자를 지급하는 전통적 형태로만 존재하는 것은 아니다. 금융시장이 발달함에 따라 다양한 투자 수요와 기업의 자금조달 방식이 생겨났고, 그 결과 특수한 구조나 성격을 가진 채권들도 등장하게 되었다. 이들은 전통적인 국채와 회사채와는 다른 리스크와 수익률 구조를 가지며, 투자자에게는 기회가 될 수도, 때로는 잠재적인 위험 요소가 될 수도 있다. 다음은 대표적인 특수채의 유형이다.

1) 영구채 Perpetual Bond

영구채는 만기가 없는 채권, 다시 말해 원금이 상환되지 않는 채권이다. 발행자는 일정한 주기로 이자를 지급하지만, 원금 자체는 영구히 상환하지 않는다. 말 그대로 이자를 무기한 지급하는 구조다. 이러한 채권은 과거 역사에서 일부 국가나 왕정이 국가재정을 확보하기 위한 수단으로 발행한 경우가 있으며, 현대에도 간헐적으로 등장한다.

예를 들어 트럼프 2기 행정부는 정부의 막대한 부채 비용을 줄이기 위한 방안으로 영구채 발행을 검토 중이다. 최근에는 '신종자본증권 Additional Tier1' 형태로 영구채와 유사한 구조가 자주 활용되고 있다. 비록 대부분 콜옵션 Call Option * 이라는 조기상환 조건이 붙어 있지만, 실질적으로는 영구에 가까운 만기를 가지기 때문에 사실상 영구채로 취급되기도 한다.

> **콜옵션(Call Option)**
> 채권의 발행자가 특정 시점에 미리 정한 가격으로 해당 채권을 상환할 수 있는 권리이다. 발행자 입장에서 조기상환 수단으로 활용된다.

2) 신종자본증권 Additional Tier 1, AT1

신종자본증권은 금융기관이나 대기업이 자기자본 요건을 충족시키기 위해 발행하는 채권으로, 회계상으로는 채권이지만, 규제 자본 상으로는 기타기본자본(AT1 자본)* 으로 분류된다. 대부분의 경우 '9999년 만기'처럼 사실상 영구적 성격을 지닌 자본조달 수단으로 기능하며, 높은 수익률을 제공하는 대신 일정한 리스크를 동반한다.

일반적으로 발행 5년 또는 10년이 지난 시점에서 콜옵션이 행사되어 조기상환되는 경우가 많다. 하지만 이는 의무가 아니며, 발행자가 상환을 유예하거나 이자 지급을 유보할 수 있는 구조를 갖고 있는 경우도 있어, 투자자는 이를 반드시 인지해야 한다. 신종자본증권은 보통주보다 우선하지만, 후순위채권보다 뒤에 위치하는 하이브리드 자산으로, 기업이 재정적으로 위기에 처할 경우 이자 지급이 중단되거나 원금 손실까지 발생할 수 있다. 따라서 고수익을 제공하는 만큼, 위험성 또한 일반 회사채보다 크며, 주식과 채권의 중간 성격을 지닌 상품이라고 볼 수 있다.

> **기타기본자본(Additional Tier1, AT1 자본)**
> 손실보전 순서에서 보통주 자기자본 다음 순위에 위치하는 자본 항목이다. 대부분 영구채 형태의 자본증권이 이에 해당한다.

3) 후순위채권 Subordinated Bond

후순위채권은 회사가 파산하거나 청산될 경우, 일반 채권자보다 상환 순위가 낮은 채권이다. 통상적으로 예금이나 일반 회사채보다 후순위이며, 대신 신종자본증권보다는 우선순위에 있다. 이로 인해 상대적으로 높은 이자율을 제공하며, 특히 개인투자자들에게 인기가 많다. 발행 목적에 따라 보완자본(Tier 2 Capital)* 으로 인정받는 경우가 많으며, 최소 5년 이상의 만기를 갖는 것이 일반적이다. 이러한 채권은 구조상 고수익을 추구하지만, 금융기관 혹은 발행기업이 어려움에 처할 경우 손실 흡수 기능을 수행해야 하므로 위험을 감수할 준비가 필요하다.

> **보완자본(Tier2 Capital)**
> 기타기본자본 다음으로 후순위채 등으로 구성되며, 최소 5년 이상 만기 조건을 만족해야 한다.

4) 메자닌 Mezzanine 채권

'메자닌'은 이탈리아어로 '중간층'을 의미하며, 금융에서는 주식과 채권의 중간 위험·수익 특성을 지닌 증권을 뜻한다. 메자닌 채권은 일반적으로 옵션이 부여된 채권으로, 다음과 같은 세 가지 주요 형태가 있다.

- **CB(Convertible Bond, 전환사채):**
  일정 조건에 따라 발행회사의 주식으로 전환할 수 있는 채권
- **EB(Exchangeable Bond, 교환사채):**
  발행회사의 보유 주식과 교환할 수 있는 채권

- **BW(Bond with Warrant, 신주인수권부사채):**
일정 기간 내에 신주를 인수할 수 있는 권리(워런트)가 부여된 채권

메자닌 채권은 발행 당시에는 일반적인 채권처럼 고정 이자를 제공하지만, 향후 주가가 상승하면 전환이나 교환을 통해 주가 상승 수익까지 기대할 수 있는 구조를 갖는다. 주가가 전환가액을 초과할 경우 채권보다 더 높은 수익률을 얻을 수 있으며, 반대로 주가가 부진할 경우 옵션이 무용지물이 되어 일반 채권보다 낮은 수익률에 그칠 수 있다.

발행기업은 자금 조달 비용을 낮추기 위해 이러한 메자닌 구조를 활용하는 경우가 많다. 특히 성장성이 높지만 재무구조가 약한 기업일수록 메자닌을 통해 시장의 자금을 유치하려는 시도가 잦다. 따라서 메자닌 채권은 기업의 성장성, 주가 전망, 전환가액 등을 종합적으로 분석할 수 있는 능동적인 투자 전략이 요구되는 자산이다.

신용등급과 크레딧 스프레드: 원금 손실 가능성의 바로미터

채권 투자에서 수익률만큼 중요한 것이 바로 원금 손실 가능성, 즉 리스크다. 채권은 일반적으로 예금보다 높은 수익률을 기대할 수 있지만, 그만큼 원금 손실의 위험도 수반된다. 특히 발행 주체가 기업

일 경우, 그 기업의 신용 상태에 따라 채권의 안전성이 크게 달라진다. 이전 장에서 살펴본 것처럼, 국채나 지방채는 국가나 지방자치단체가 발행하는 만큼 거의 '무위험 자산Risk-Free Asset'으로 간주된다. 그러나 회사채는 다르다. 기업은 언제든지 파산할 수 있으며, 이 경우 원금과 이자가 제대로 상환되지 못할 가능성이 존재한다. 그만큼 투자자 입장에서는 해당 기업의 신용 상태를 철저히 분석해야 한다. 하지만 문제는 현실적으로 수많은 기업의 재무제표, 현금흐름, 업황 전망을 일반 투자자가 직접 분석하기 어렵다는 점이다. 바로 이 지점에서 신용평가사Credit Rating Agency의 역할이 중요해진다.

신용등급Credit Rating의 의미와 활용

신용평가사는 기업이나 금융기관, 정부 등이 발행하는 채권의 상환 능력을 분석하고, 이에 대한 신용등급을 부여한다. 국내에서는 한국신용평가KIS, 나이스신용평가, 한국기업평가Korea Ratings 등이 대표적인 평가기관이다. 이들은 발행사의 재무 상태와 부채비율, 이자보상배율, 업황 리스크 등을 종합적으로 분석해 채권의 신용도를 등급으로 나타낸다. 일반적으로 다음과 같은 등급 체계를 따른다.

  이처럼 신용등급은 투자자에게 리스크의 수준을 직관적으로 보여주는 지표이자, 시장에서 금리가 어떻게 형성되는지를 설명해주는 핵심 기준이다.

국내 신용평가사 신용등급표

이율	신용등급 정의	한국평가사 (18등급)	신용등급 정의 세부내용
투자 적격 등급	최상의 신용상태	AAA	원리금 지급확실성 최고 수준, 투자위험 극히 낮고 환경변화에도 안정적임
	신용상태 우수	AA+	원리금 지급확실성 매우 높지만, AAA등급에 비해 다소 열등한 소요가 있음
		AA	
		AA-	
	신용상태 양호	A+	원리금 지급확실성 높지만, 장래 급격한 환경변화에 다소 영향 받을 가능성 있음
		A	
		A-	
	신용상태 적절	BBB+	원리금 지급확실성은 인정되지만, 장래 환경변화로 지급확실성이 저하될 가능성이 있음
		BBB	
		BBB-	
투자 요주의 등급	투자시 요주의	BB+	원리금 지급확실성에 당면문제는 없으나 장래 안정성 면에선 투기적 요소가 내포되어 있음
		BB	
		BB-	
		B	원리금 지급확실성이 부족하여 투기이며, 장래 안정성에 대해 현 시점에서 단언할 수 없음
		CCC	채무불이행 발생 가능성을 내포하고 있어 매우 투기적임
투자 부적격 등급	최악의 신용상태	CC	채무불이행 가능성이 극히 높고, 현단계에선 장래 회복될 가능성이 없을 것으로 판단됨
		C	원금 또는 이자 지급불능 상태에 있음
		D	

* AA부터 B까지는 동일 등급 내에서 세분해 구분할 필요가 있는 경우 '+' 또는 '-'의 기호를 부여할 수 있음

- **AAA**: 최상위 투자등급. 지급불이행 가능성이 사실상 없음. 대다수의 국책은행, 공기업, 대형 통신사 등이 해당된다.
- **AA**: 매우 우수한 신용등급. 시중은행 계열사, 주요 카드사 및 캐피탈사 등이 포

함된다.

- **A:** 양호한 신용등급. 일반적인 대기업, 중견기업이 포함된다.
- **BBB 이하:** 투기등급 Speculative Grade. 재무상 불안요소가 존재하며, 투자에 주의가 요구된다.

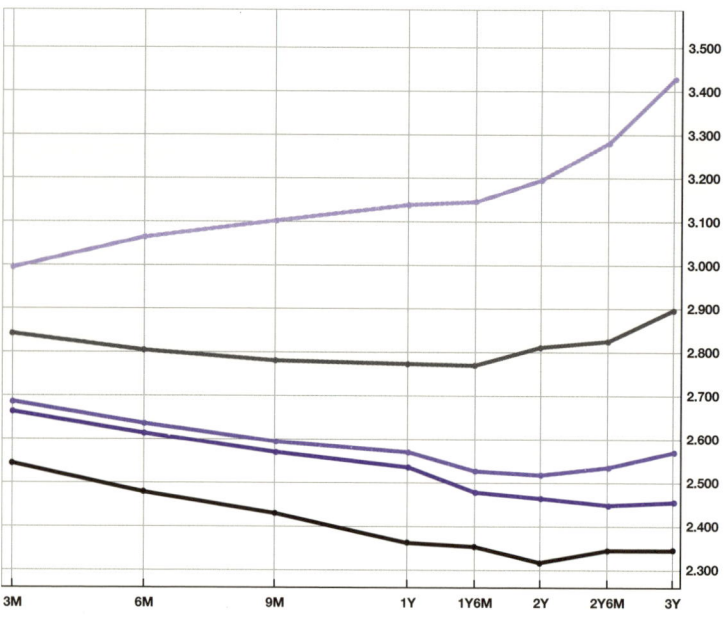

크레딧 스프레드Credit Spread의 개념

신용등급이 낮을수록 투자자들은 더 높은 위험을 감수해야 하므로, 그에 대한 보상으로 더 높은 금리를 요구한다. 이렇게 무위험 금리와 회사채 금리의 차이를 우리는 크레딧 스프레드Credit Spread라고 부른다. 예를 들어 같은 만기의 국채가 연 3% 금리를 제공하는 상황에서, 한 A급 기업의 회사채 금리가 4.2%라면, 이때의 크레딧 스프레드는 1.2%p(120bp)다. 이 120bp는 투자자가 해당 회사의 신용 리스크를 감수하는 대가로 받는 프리미엄인 셈이다.

정리하면 다음과 같다. "회사채 YTM = 무위험수익률(Rf) + Credit Spread". 따라서 크레딧 스프레드는 단순히 금리의 차이를 넘어, 해당 기업의 부도 가능성, 산업 리스크, 유동성 문제 등을 반영하는 종합적인 신용위험 지표라 할 수 있다.

크레딧 스프레드의 확대: 위험 신호의 조기 경보장치

크레딧 스프레드는 고정되어 있는 것이 아니라, 시장의 불안감이나 특정 산업의 위기에 따라 확대되거나 축소된다. 실제로 2022년 이후 국내 채권시장에서는 뚜렷한 사례가 있었다. 당시 부동산 프로젝트 파이낸싱(PF) 부실 문제가 불거지면서, 관련 사업에 많이 노출된 캐피탈사, 건설사들의 크레딧 스프레드가 급격히 확대되었다. 대표적인 사례가 AA- 등급의 캐피탈사나 A급 건설사였다. 이들 기업은 원래 준수한 신용등급을 유지하고 있었지만, 레고랜드 사태를 포함한 부동산PF 위기와 함께 시장에서 자금 조달이 어려워지면서, 단기간에 크레딧 스프레드가 200bp 이상 뛰는 모습을 보였다. 그 결과, 태영건설 등 일부 건설사는 일시적인 유동성 위기로 지급불이행(디폴트) 상황을 맞이하기도 했다. 이러한 사례는 크레딧 스프레드가 단순한 금리 차이를 넘어, 시장 참가자들이 해당 발행자의 지급 능력에 대해 어떤 신호를 보내고 있는지를 보여주는 선행지표임을 알려준다. 투자자는 스프레드가 급격히 확대될 경우 해당 기업에 무슨 문제가 발생했는지 면밀히 살펴야 하며, 때로는 신속한 포트폴리오 조정이 필요할 수 있다.

투자자의 실천 지침

1) 신용등급은 시작점이지 전부는 아니다

AAA 등급이라고 해서 절대적인 안전을 의미하지 않으며, 특히 A등급 이하에서는 외부 환경에 따른 급변 가능성을 항상 염두에 둬야 한다.

2) 크레딧 스프레드의 흐름을 체크하라

일간 혹은 주간 단위로 주요 크레딧 채권의 스프레드 변화를 확인함으로써, 시장의 신용 우려를 조기에 포착할 수 있다.

3) 신용등급 하향 조정 소식은 민감하게 반응하라

신용평가사들이 채권의 등급을 하향 조정했다면, 이는 해당 기업의 수익성이나 안정성이 악화되었음을 의미한다. 이를 방치하면 큰 손실로 이어질 수 있다.

4) 관련 보고서를 적극 활용하라

신용평가사들은 등급 평가와 함께 분기별로 신용리스크 요인, 산업전망, 유동성 비율 등을 정리한 리포트를 제공한다. 이는 정량뿐 아니라 정성적 분석에 유용한 정보이다.

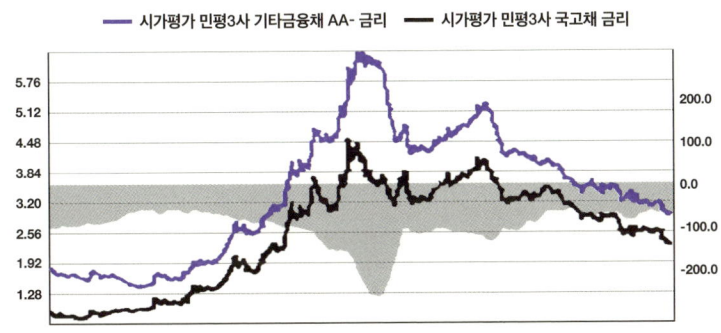

국고채 3년물 금리와 기타금융채 3년물 금리 추이

주: 회색 음영은 두 금리간 스프레드   출처: 인포맥스

채권 투자 전략과
실전 활용

04

절세 효과:
채권의 숨은 매력

채권은 단순히 고정 수익을 추구하는 보수적인 투자 수단으로만 인식되기 쉬우나, 실제로는 세제혜택이라는 실질적인 장점도 지닌 자산이다. 최근 들어 개인투자자들 사이에서 채권 투자가 재조명된 이유 중 하나는 바로 이 절세 효과 때문이다.

  금리가 상승하며 고금리 채권이 등장한 것도 주요 요인이지만, 세후 기준에서의 실질 수익률을 극대화할 수 있다는 점은 장기 보유를 선호하거나 안정적인 수익 원을 찾는 투자자들에게 특히 매력적으로 작용한다. 이를 이해하려면 먼저 채권의 구조와 국내 세법의 과세 체계를 함께 살펴볼 필요가 있다.

채권의 과세 구조:
이자소득 vs 매매차익
―

채권은 앞서 살펴본 것처럼, 발행 시점에 이미 만기일과 원금, 그리고 액면 이자율(표면금리)이 확정되어 있는 금융상품이다. 채권을 보유하는 동안 투자자는 이자수익을 받으며, 만기 시에는 원금을 상환 받게 된다. 또한 중간에 채권을 매도할 경우 매매차익이 발생할 수도 있다. 그런데 이와 같은 채권의 수익 요소에 대해 세법이 차별적으로 과세한다는 점이 핵심이다.

- **이자소득:** 과세 대상이며, 원천징수 방식으로 15.4%(소득세+지방세)가 부과된다. 과세 기준은 표면이자율 × 액면가 × 보유일수이다. 즉 투자자가 어떤 가격으로 채권을 매수했는지와는 무관하다.
- **매매차익:** 비과세 대상이다. 설령 채권을 싸게 매수해서 비싸게 팔아 차익이 발생하더라도 세금이 부과되지 않는다.

이러한 과세 구조는 채권 투자자에게 중요한 전략적 시사점을 제공한다. 바로 표면이자가 낮고 시장금리가 높은 시점에 발행된 채권일수록 세후 수익률이 유리해진다는 점이다.

저쿠폰 채권이 왜 유리한가?

예를 들어 동일한 YTM(만기수익률)을 제공하는 두 개의 채권이 있다고 가정해 보자. 하나는 표면이자율이 1%인 저쿠폰 채권, 다른 하나는 표면이자율이 4%인 고쿠폰 채권이다. 두 채권 모두 시장금리 조건에 따라 현재가가 할인되어 발행되었기 때문에, 만기까지 보유할 경우 수익률YTM은 동일하다고 가정하자.

하지만 실질 수익을 비교하면 차이가 발생한다. 그 이유는 세금이 부과되는 이자소득은 '표면이자 기준'으로 계산되기 때문이다. 저쿠폰 채권은 이자 자체가 적게 발생하기 때문에, 전체 수익 중 과세 대상이 되는 부분이 작다. 반면, 고쿠폰 채권은 이자가 많이 발생하므로 같은 수익을 내더라도 세금으로 빠져나가는 금액이 더 많다. 결과적으로 저쿠폰 채권은 세금을 적게 내면서도 매매차익(비과세)을 통해 얻은 수익이 크기 때문에 세후 수익률이 더 높아지게 된다.

실제 시장에서의 흐름: '저쿠폰 특수'의 배경

실제로 이러한 세제상의 구조적 유리함은 시장에서도 반영되어 왔다. 특히 초저금리 기조가 이어졌던 코로나19 시기에 발행된 많은 채권들이 1% 이하의 표면이자율로 시장에 나왔다. 당시에는 이들 채권이 투자 매력도가 낮아 보였지만, 시간이 흘러 금리가 급등하면서 오히려 시장에서 가장 인기 있는 절세형 상품으로 탈바꿈했다. 많은 증권사들이 이와 같은 저쿠폰 채권을 '세후 수익률 기준'으로 안내하며 적극적으로 판매했고, 특히 세금 민감도가 높은 고액 자산가나 장기 투자 지향 투자자들 사이에서는 전략적인 자산 포트폴리오 구성 수단으로 활용되었다.

증권사의 세후 수익률 안내표: 꼼꼼히 살펴보자

현재 증권사들은 채권 매수 화면에서 단순한 YTM(세전 수익률)뿐 아니라, 세후 수익률까지 함께 제시하고 있다. 이는 바로 위에서 언급한 과세 방식의 차이 때문이다. 개인투자자 입장에서 실질적인 수익을 가늠하기 위해서는 반드시 세후 운용수익률을 기준으로 비교하는 것이 바람직하다.

채권 투자 세제 개요

매매차익	이자소득	세율	
비과세	표면이자 과세	연2000만원 이하 분리과세	15.4%
		연2000만원 초과분	종합소득에 합산 6~45%

개인투자용 국채에 대한 이자소득 분리과세 개요

투자기간	만기 5년·10년·20년
적용금리	표면금리 + 가산금리에 연 복리 적용(만기 보유 시)
세제혜택	14% 분리과세
투자한도	인당 연간 1억 원씩 총 2억 원(2023~2024년)

출처: 미래에셋증권

수익률 파헤치기

채권 투자는 안정적인 현금흐름을 제공하는 대표적인 투자 수단으로, 투자자가 어떤 방식으로 보유하고 매도하느냐에 따라 수익률의 계산 방식이 달라진다. 일반적으로 채권 수익률은 만기까지 보유할 경우와 중도에 평가 혹은 매도할 경우로 나뉘며, 각각의 경우에 따라 수익률 계산 방식과 투자 성과 해석이 달라진다.

1) 만기까지 보유하는 경우: 단순한 이자 수익 계산

채권을 만기까지 보유하는 경우, 수익률은 매우 직관적으로 계산할 수 있다. 매수 시점의 수익률(또는 표면금리)을 기준으로 연간 이자 수익을 예상하고, 이를 전체 투자 기간에 곱하면 총 수익률을 도출할 수 있다. 예를 들어 표면금리 4%의 10년 만기 국채를 100억 원에 매수했다고 가정해 보자. 이 경우 투자자는 매년 4억 원의 이자를 받게 되며, 10년 후 원금 100억 원을 되돌려 받는다. 결과적으로 10년간 총 40억 원의 이자 수익을 얻게 되므로, 총 수익률은 40%, 연평균 수익률은 4%가 된다. 시장금리가 변하더라도 만기까지 보유하면 이 수익률은 변하지 않는다.

2) 만기 이전에 평가하거나 매도하는 경우: 이자 수익과 평가 수익의 합

만기 이전에 채권을 채권을 평가하거나 매도할 경우, 단순한 이자 수익 외에 채권의 평가손익이 수익률에 영향을 미친다. 이 경우의 수익률은 다음의 두 가지 요소로 구성된다.

- **이자 수익**: 매수 시점 수익률(r%)에 기반하여, 이자 수익 = 원금 × r% × 투자 기간
- **평가 수익**: 시장 수익률(r*)과 매수 수익률(r)의 차이에 따라 결정되며,
  평가 수익 = - (r - r*) × 잔존 만기

여기서 잔존 만기는 남은 투자 기간이며, 설명의 간편함을 위해 듀레이션과 동일한 개념으로 간주한다. 그리고 수정 듀레이션*과 컨벡시티*, 롤링* 등의 개념은 간략하게만 설명하겠다.

수정 듀레이션(Modified Duration)

"금리 변동에 따른 가격 탄력성"
금리가 1% 변할 때 채권 가격이 얼마나 움직이는지를 나타내는 민감도 지표이다. 예를 들어 수정 듀레이션이 5일 때, 금리가 1% 상승하면 채권 가격은 약 5% 하락한다고 볼 수 있다.

컨벡시티(Convexity)

"듀레이션의 한계를 보완하는 곡률 효과"
금리가 크게 변할 때 단순 듀레이션만으로 설명되지 않는 추가적인 가격 변화를 잡아내는 개념이다. 컨벡시티가 큰 채권일수록 금리 하락 시 이익이 커지고, 금리 상승 시 손실이 줄어주는 완충 효과가 발생한다.

롤링(Rolling)

"시간이 주는 수익/손익 효과"
시간이 흐르면서 채권의 만기가 짧아지고, 이에 따라 채권 가격이 점차 액면가(상환가)에 수렴하는 현상이다. 예를 들어 만기 5년물이 1년 뒤에는 만기 4년물이 되는데, 이 과정에서 듀레이션이 줄어들고 가격이 변하게 된다. 투자자는 이런 '시간 효과'를 활용해 자연스러운 수익을 기대할 수 있다.

실제 사례 분석

다음은 표면금리 4%인 10년 만기 국고채에 100억 원을 투자한 후, 1년이 지나 시장금리가 변화했을 때의 수익률을 비교한 예시이다.

1) 만기 보유 시 (10년 후까지 보유)

- **총 수익:** 40억 원
- **총 수익률:** 40%

- **연평균 수익률:** 40%/10년 = 4%

2) 1년 후 시장 수익률이 그대로 4%인 경우

- **이자 수익:** 100억 × 4% = 4억 원 (4%)
- **평가 수익:** -(4%-4%) × 9년 = 0억 원 (0%)
- **총 수익률:** 4%

3) 1년 후 시장 수익률이 3%로 하락한 경우

- **이자 수익:** 100억 × 4% = 4억 원 (4%)
- **평가 수익:** -(4%-3%) × 9년 = 9억 원 (9%)
- **총 수익률:** 13%

이 경우 투자자는 향후 기대수익의 일부를 앞당겨 실현한 셈이다. 만기까지의 총 수익률은 여전히 40%이며, 남은 9년 동안의 평균 수익률은 약 3%로 낮아진다.

4) 1년 후 시장 수익률이 5%로 상승한 경우

- **이자 수익:** 100억 × 4% = 4억 원 (4%)
- **평가 손실:** -(4%-5%) × 9년 = -9억 원 (-9%)
- **총 수익률:** -5%

이 경우 손실이 발생했지만, 만기까지 보유한다면 나머지 9년간 연평균 5%의 수익률을 기대할 수 있다. 이는 장기 보유의 중요성을 보여주는 사례이다.

해외 채권과 환위험

해외 채권에 투자할 경우, 이자 수익과 평가 수익 외에 외환 변동에 따른 환차손익이 중요한 변수로 작용한다. 해외 채권의 투자 수익은 다음과 같이 계산된다.

투자 수익 = (외화 이자 수익 + 외화 평가 수익) × 평가 시점의 환율 - 투자 시점 원금

즉, 투자한 외화자산이 평가 시점에 어떤 환율로 환산되느냐에 따라 수익률이 크게 달라질 수 있다. 이는 국내 채권 투자와 달리 만기 원금 회수조차도 환율의 영향을 받는다는 점에서 리스크와 기회가 공존한다.

해외 채권 투자 사례 분석

다음은 USD/KRW 환율이 각각 다른 시점에서 변화했을 때, 같은 미국 국채 투자에 대한 수익률 비교이다. 투자자는 100억 원(USD 10M

기준)을 USD/KRW 환율 1,000원일 때 미국 국채에 투자했다.

1) 1년 후 금리 변동 없음 (4%), 환율 상승 (1,200원)

- **외화 이자 수익:** $10M × 4% = $0.4M
- **외화 평가 수익:** 0% (금리 변화 없음)
- **외화 자산:** $10.4M
- **원화 환산 자산:** $10.4M × 1,200 = 124.8억 원
- **총 수익률:** 24.8%

금리 변동이 없더라도 환율 상승(원화 약세)으로 큰 수익 실현.

2) 1년 후 금리 상승 (5%), 환율 상승 (1,200원)

- **외화 이자 수익:** $10M × 4% = $0.4M
- **외화 평가 손실:** $10M × [-(4% - 5%) × 9년] = -$0.9M
- **외화 자산:** $9.5M
- **원화 환산 자산:** $9.5M × 1,200 = 114.0억 원
- **총 수익률:** 14.0%

이 경우 금리 상승으로 채권 평가손실이 발생했으나, 환율 상승이 이를 일부 상쇄.

3) 1년 후 금리 하락 (3%), 환율 하락 (800원)

• **외화 이자 수익:** $10M × 4% = $0.4M

• **외화 평가 수익:** $10M × [-(4% - 3%) × 9년] = $0.9M

• **외화 자산:** $11.3M

• **원화 환산 자산:** $11.3M × 800 = 90.4억 원

• **총 수익률:** -9.6%

이 경우 금리 하락으로 평가이익이 발생했으나, 환율 하락(원화 강세)으로 손실 발생.

국내 채권 vs 해외 채권 투자

• **국내 채권:** 만기까지 보유한다면 수익률은 예측 가능하며 안정적이다. 중간 매도의 경우 시장금리에 따른 평가손익이 발생하지만, 이는 전체 수익의 일부를 앞당겨 실현한 것이며, 만기수익률은 변하지 않는다.

• **해외 채권:** 수익률에 환율 변동이 직접 반영된다. 만기까지 보유하더라도 환율 변화에 따라 원금 손실이 발생할 수 있다. 반대로 환율 변동을 잘 활용하면 기대 이상의 수익도 가능하다.

따라서 해외 채권 투자는 보다 높은 수익률의 기회를 제공하는 동시에, 환율에 대한 높은 이해도와 변동성 수용 능력을 요구한다. 장기

적으로 금리 메리트가 있다 하더라도, 환위험에 대한 적절한 대응 없이는 기대 수익률을 온전히 실현하기 어렵다는 점에 유의해야 한다.

수익률 곡선과 장단기금리의 경제적 의미

01 장단기금리의 구조와 기능

금리는 우리 일상에서 가장 자주 접하는 경제지표 중 하나다. 우리는 예금 금리를 비교하여 통장을 만들고, 대출 금리를 살펴보며 주택 구입을 고민한다. 또한 뉴스에서 '미국이 기준금리를 인상했다'는 소식을 들으며 시장이 요동치는 모습을 목격하곤 한다. 하지만 금리는 단순히 높고 낮음을 넘어, 경제 전반의 흐름과 투자자들의 기대를 반영하는 중요한 정보이기도 하다. 그중에서도 거시경제와 채권 투자의 핵심 개념으로 반드시 짚고 넘어가야 할 두 가지 금리가 있다. 바로 단기금리와 장기금리이다.

장단기금리의 구분과 특성

- **초단기금리**: 1일~3개월 사이의 금리로, 중앙은행의 통화정책과 매우 밀접하게

연결되어 있다. 대표적인 예로는 콜금리, Repo(환매조건부채권) 금리, CD(양도성예금증서) 91일물 금리 등이 있다.

- **단기금리:** 통화정책 기대감에 영향을 받는 1년~3년 금리로, 통안채 1~2년물과 국고채 3년물 등이 포함된다.
- **장기금리:** 10년 이상 만기의 금리로, 단기적인 통화정책보다는 장기적인 경제성장 전망과 재정정책, 인플레이션 기대 등에 더 큰 영향을 받는다. 대표적으로 10년물 및 30년물 국채 금리를 들 수 있다.

초단기금리: 중앙은행의 도구

중앙은행은 주로 초단기금리를 통해 시장에 영향을 준다. 예컨대, 한국은행이 기준금리를 3%로 설정했다고 가정하자. 시중은행은 자금이 남을 경우 이 금리로 한국은행에 예치하거나, 돈이 부족할 경우 해당 금리로 빌릴 수 있다. 이러한 기준금리는 하루짜리 RP(환매조건부채권) 거래의 금리로 설정되며, 이는 7일물, 91일물 등 짧은 기간의 금리에도 직접적인 영향을 준다. 따라서 초단기금리는 중앙은행의 정책 방향과 거의 일치해 움직이는 금리라고 할 수 있다.

단기금리: 시장의 기대가 반영되는 금리

1~3년의 단기채권 금리는 초단기금리에 비해 중앙은행의 통화정책 뿐만 아니라 시장의 미래 기대도 반영한다. 기준금리가 당장은 유지되더라도, 시장이 향후 인하를 기대한다면 단기금리는 낮게 형성될 수 있다. 반대로 물가 상승과 기준금리 인상 전망이 강할 경우 단기금리는 빠르게 상승한다. 이처럼 단기금리는 중앙은행의 정책 신호 뿐 아니라 물가지표, 경기전망, 글로벌 흐름 등의 영향을 동시에 받는다.

장기금리: 경제의 미래를 반영하는 거울

장기금리는 단기금리보다 더 복잡한 요인의 영향을 받는다. 단기적인 정책 변화보다는 장기적인 성장률과 국가의 재정건전성, 통화 신뢰도, 국제 투자 흐름 등이 주요 변수다. 특히 장기채권은 만기가 길기 때문에 금리 변동에 따른 평가손익(듀레이션)의 영향이 크며, 이에 따라 수요와 공급의 균형이 민감하게 작용한다. 정부가 재정지출을 확대하여 국채 발행을 늘리면 수급 악화로 장기금리가 오를 수 있고, 반대로 외국인 투자자 유입이나 신용등급 상승 등은 장기금리를 낮출 수 있다.

수익률 곡선이란?

수익률 곡선Yield Curve은 다양한 만기의 금리를 한눈에 보여주는 곡선으로, 가장 짧은 초단기물에서부터 30년물 장기채까지의 금리를 연결하여 그린다. 보통은 x축이 '만기', y축이 '수익률'로 구성된다. 이 곡선은 시장의 기대와 정책 변화, 물가 전망, 경기 흐름 등 수많은 경제 정보를 종합적으로 반영하는 지표로 기능한다.

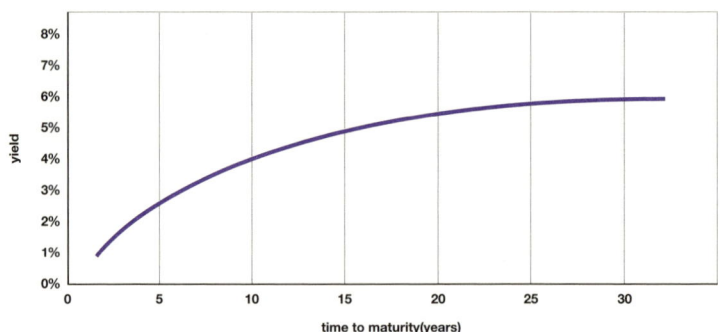

수익률 곡선 예시

02 수익률 곡선으로 경기 사이클 읽기

수익률 곡선은 단순히 금리를 보여주는 차트를 넘어서, 미래의 경기 방향을 예측하는 도구로 널리 사용된다. 단기금리는 중앙은행의 정책에 민감하고, 장기금리는 경제 성장률 및 재정정책 기대를 반영하기 때문에 이 둘의 차이는 시장 참가자들의 심리를 압축적으로 보여준다.

예를 들어 물가 상승과 긴축적 통화정책이 예상된다면 단기금리는 상승하고, 장기적으로 경기침체 가능성이 높아지면 장기금리는 상대적으로 덜 오르거나 하락할 수 있다. 이 경우 수익률 곡선은 평평해지거나 역전inverted되며, 이는 경기침체 가능성을 의미하는 신호로 해석된다.

평탄화와 가팔라짐 Steep vs Flat

- **Steepening(가팔라짐):** 장기금리가 단기금리보다 빠르게 상승하면 경기 회복 기대, 확장적 재정정책, 또는 인플레이션 기대 상승을 의미한다. 또는 단기금리가 장기금리보다 빠르게 하락하면 경기 둔화 우려 확산에 따른 금리 인하기가 가까워졌음을 시사한다.
- **Flattening(완만해짐):** 단기금리가 상대적으로 더 빠르게 오르거나 장기금리가 덜 오르면서 곡선이 평평해진다. 이는 중앙은행의 긴축 정책이 강화되며 경기 둔화 가능성이 제기될 때 자주 발생한다. 또는 장기금리가 단기금리보다 빠르게 하락할 때도 발생한다. 이는 경기 둔화에도 불구하고 통화정책의 운신의 폭이 적을 때 나타난다.

금리 방향과 시장 심리 Bull vs Bear

- **Bull Market(강세장):** 금리 하락 → 채권 가격 상승.
  경기 둔화, 물가 안정, 안전자산 선호 등의 상황에서 발생한다.
- **Bear Market(약세장):** 금리 상승 → 채권 가격 하락.
  인플레이션 우려, 재정적자 확대, 경기 과열 등에 따른 금리 상승이 원인이다.

전 세계 채권 투자자들은 여러가지 거시 경제 변수들을 분석하여 채권 투자를 하게 되고, 이에 따른 기대감이 녹아서 수익률 곡선도

네 가지 중 하나의 국면으로 진행된다. 가령 유동성의 과잉 공급으로 자산 가격 버블이 형성되거나 전쟁 등으로 물가가 치솟으면 중앙은행은 통화긴축정책을 단행하게 된다. 이렇게 되면 단기금리는 상승한다. 반면, 긴축정책으로 향후 경기가 하락할 것으로 예상된다면 장기금리는 상대적으로 덜 상승하게 되어 Bear flattening 국면이 진행될 것이다. 반면, 코로나와 같은 전염병으로 인해 셧다운이 발생하면 경기 활동은 당연히 위축될 것이다. 그렇게 되면 중앙은행의 완화적인 통화정책과 정부의 확장적 재정정책이 단행될 것을 예상할 수 있을 것이다. 즉, 단기금리는 하락하고, 장기금리는 국채발행으로 상대적으로 상승하는 Bull steepening 장이 진행될 것을 예상해 볼 수 있다.

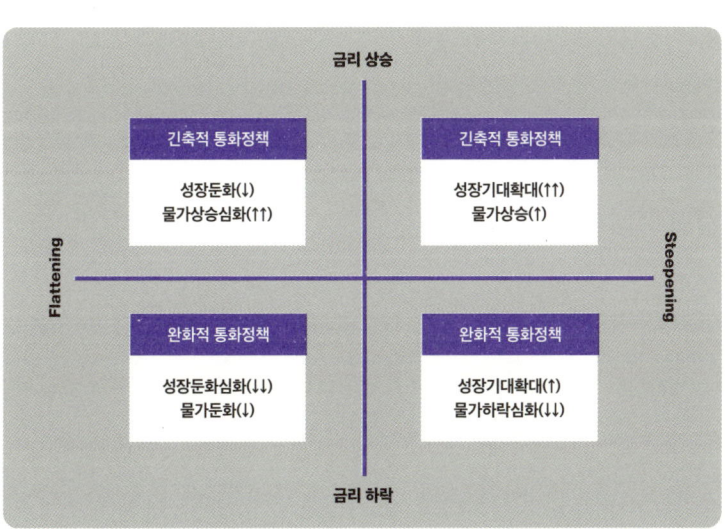

수익률 곡선의 네 가지 국면

수익률 곡선의
예측력과 한계

03

수익률 곡선은 종종 경기침체를 예측하는 데 탁월한 지표로 평가받는다. 특히 미국의 경우, 장단기금리차가 역전된 후 일정 시차를 두고 실제로 경기침체가 발생한 사례가 여러 차례 존재한다. 다만, 이 곡선은 '경기침체의 시점'을 예측하기보다는 '침체 가능성의 증가'를 시사하는 경고등 역할에 가깝다.

장단기금리차 축소

장단기금리차가 줄어든다는 것은 일반적으로 단기금리가 상승하거나, 장기금리가 하락하는 현상을 의미한다. 이는 시장이 단기적인 긴축 정책의 여파로 인해 장기적으로는 경기침체가 도래할 것이라고 판단하고 있음을 반영한다. 특히 중앙은행이 기준금리를 빠르게 인상하고, 동시에 장기 투자에 대한 기대가 위축될 때 이런 현상이 두드러진다.

장단기금리차 확대

반면, 장단기금리차가 확대되는 경우는 두 가지 경우에서 발생할 수 있다. 장기금리 상승은 확장적 재정정책과 경제 성장 기대, 물가 상승 등이 원인이 되어 장기채권에 대한 수요가 감소할 때. 단기금리 하락은 통화당국의 기준금리 인하와 디플레이션 우려, 위기 대응 정책 등으로 단기금리가 빠르게 내려갈 때. 이러한 국면에서는 경기 회복 또는 부양 기대가 시장에 퍼져 있다는 해석이 가능하다.

장단기금리는 단순한 숫자를 넘어 투자자와 정책 당국, 그리고 전체 시장의 기대가 반영된 신호체계이자 해석 도구이다. 수익률 곡선을 읽는다는 것은 단기적인 통화정책과 중기적인 시장의 기대, 장기적인 성장과 위험 요인을 종합적으로 이해하려는 시도이자, 금융시장의 언어를 해석하는 것이다. 따라서 수익률 곡선의 변화는 경제의 맥박이며, 이를 읽는 눈은 투자자와 경제 참여자에게 중요한 자산이 된다.

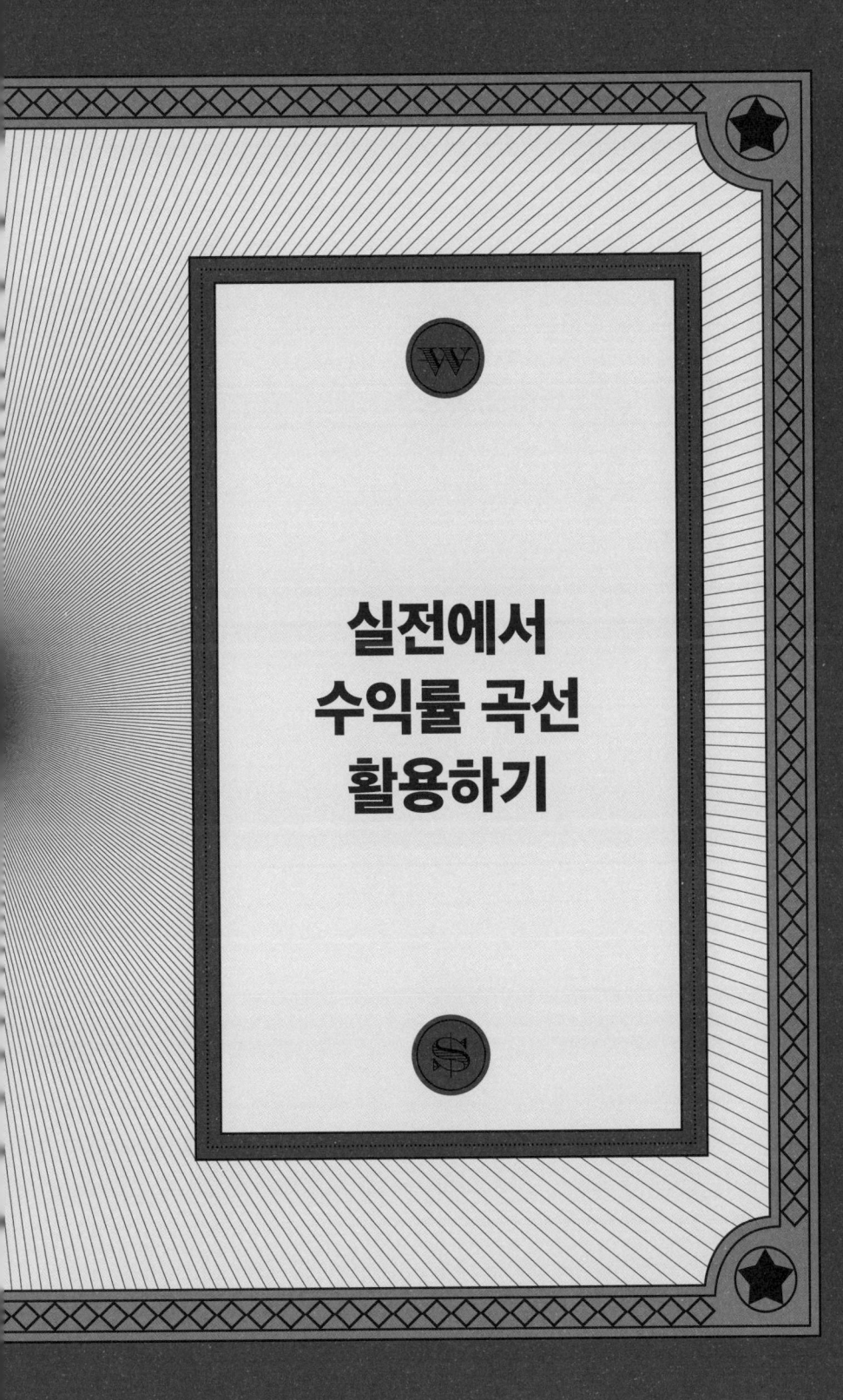
실전에서 수익률 곡선 활용하기

01 미국 사례로 보는 수익률 곡선 변화

수익률 곡선은 단순한 금리 차트가 아니다. 이 곡선은 통화정책과 재정정책, 투자심리, 경기전망 등 경제 전반의 기대와 불안을 모두 포괄

미국 국채 10년물과 2년물의 금리 차이(표기: 미국채 2/10년)

출처: Bloomberg

하는 거대한 시장의 시그널이다. 특히 미국은 전 세계 금융시장의 중심국으로, 수익률 곡선의 움직임은 글로벌 시장의 향방을 가늠하는 중요한 지표로 작용해 왔다. 이번 장에서는 최근 10년간 미국에서 발생한 주요 경제 이벤트를 중심으로 수익률 곡선의 변화가 어떻게 경제 흐름을 선행하거나 반영했는지를 살펴보고자 한다.

2016년:
트럼프 시대 개막과 Bear Steepening
—

2016년 11월, 도널드 트럼프 후보가 미국 대통령으로 당선되면서 글로벌 금융시장은 충격에 휩싸였다. 대선 전 여론조사에서는 힐러리 클린턴 후보가 우세했기 때문에, 예측을 뒤엎은 결과는 정치적 불확실성을 증폭시켰다. 대선 직후 안전자산 선호 심리로 인해 금리는 하락했지만, 이후 시장은 빠르게 방향을 전환했다.

트럼프 당선 이후 1조 달러 규모의 인프라 투자, 법인세 인하, 규제 완화 등의 친기업 정책이 발표되면서 향후 경기 활성화 기대감이 급속도로 확산되었다. 그 결과, 장기금리가 급등했고, 이는 수익률 곡선의 가파른 상승, 즉 Bear Steepening 국면으로 나타났다. 10년물 국채 금리는 불과 한 달 만에 55bp 상승했고, 2년물도 26bp 상승하며 시장의 방향 전환을 반영했다. 이 시기 이후 미국 증시는 상승세를 탔고, 기업 실적 역시 회복세를 보이며 수익률 곡선의 신호는 명확히 들어맞았다.

2018~2019년:
미중 무역갈등과 Bull Flattening
―

2018년 말부터 2019년 중반까지 미국은 대중 무역 전쟁이라는 새로운 국면에 진입하게 된다. 트럼프 행정부는 중국 등 무역 흑자국에 대한 고율 관세 부과를 시작했고, 이는 세계 교역량 감소와 글로벌 경기 둔화 우려를 촉발시켰다.

같은 시기 미국 연방준비제도(Fed)는 긴축 정책을 이어가며 2018년 12월 기준금리를 2.5%로 인상했다. 기준금리 인상으로 인해 단기금리는 높게 유지됐지만, 장기금리는 경기침체 가능성을 반영하며 지속적으로 하락했다. 결과적으로 수익률 곡선은 Bull Flattening 형태를 띠며, 장단기금리차는 2018년 11월 약 78bp에서 2019년 중반에는 -5bp까지 하락해 역전되었다. 이는 시장이 침체에 대비하고 있음을 보여주는 강력한 시그널이었다. 결국 연준은 2019년 7월 금리 인하를 단행하며 수익률 곡선의 경고를 현실로 인정하게 되었다.

2020~2021년:
코로나19 이후 Bull Steepening

2020년 초 코로나19가 팬데믹으로 확산되며 전 세계 경제가 셧다운 상태에 빠졌다. 미국은 경기 급락을 막기 위해 기준금리를 단숨에 150bp 인하했고, 거의 제로금리 수준인 0.25%로 떨어뜨렸다. 하지만 금리 인하만으로는 부족했다. 미국 정부는 대규모 재정지출에 돌입했고, 개인과 기업에 대한 직접적인 보조금 지급이 시작됐다.

그 결과 단기금리는 제로 수준에 머무는 가운데, 대규모 국채 발행으로 인한 수급 부담으로 장기금리가 상승하기 시작했다. 수익률 곡선은 다시 한번 가파르게 상승하며 Bull Steepening 국면에 진입했다. 2020년 3월 10년물과 2년물 금리차는 70bp까지 확대되었고, 연말에는 80bp를 상회했다. 이러한 금리 구조는 향후 발생할 유동성 과잉과 자산 가격 버블을 선제적으로 반영한 것으로, 이후 주식, 부동산, 가상자산 등 위험자산의 급등세로 이어졌다.

2022년:
인플레이션 충격과 Bear Flattening

팬데믹 시기의 유동성 확대는 결국 인플레이션이라는 후폭풍으로 되돌아왔다. 여기에 러시아-우크라이나 전쟁이라는 지정학적 위기가 에너지와 식량 가격을 폭등시키며 인플레이션 압력을 더욱 키웠다. 연준은 대응에 나섰고, 오랜 관행이던 25bp 인상에서 벗어나 50bp, 75bp라는 공격적인 금리 인상을 단행했다. 급격한 금리 인상은 단기금리를 급등시켰고, 동시에 장기금리는 경기침체 우려로 제한적인 상승에 그쳤다. 이로 인해 수익률 곡선은 Bear Flattening, 나아가 역전 상태에 이르게 된다.

    2022년 초 88bp였던 장단기금리차는 연말에 -84bp까지 하락하며 역사적인 금리 역전을 기록했다. 이후 2023년에는 실리콘밸리은행(SVB), 크레디트스위스(CS) 등 주요 금융기관이 채권 평가손실로 인해 도산 위기를 맞았다. 이 역시 수익률 곡선이 선제적으로 예고한 경기 및 금융 시스템 리스크의 현실화라고 할 수 있다.

수익률 곡선
국면별 투자 성과 분석

02

수익률 곡선은 앞에서 소개한 것처럼 베어스팁과 불스팁, 베어플랫, 불플랫 네 가지 경우가 있다. 이에 국면별 특징이 뚜렷했던 시기를 찾아 단기채/장기채별 투자 수익률을 분석했다. 커브 롱숏 전략의 경우에는 2년 및 10년 인버스 ETF를 가정하여, 각각의 듀레이션 비율로 롱숏 전략을 취했다. 스티프너 전략이라면 투자금의 5/6를 2년채권을 매수하고, 투자금의 1/6을 10년채권 인버스 ETF를 매수하는 방식을 고려했다. 반면 플래트너 전략이라면 투자금의 5/6를 2년채권 인버스 ETF를 매수하고, 1/6을 10년채권을 매수하는 방식을 고려했다.

Bear Steepening 국면

Bear Steepening은 일반적으로 통화정책의 종료 국면에서 최종 금리 동결 이후 자주 나타나는 패턴으로(15회 중 11회), 1983년부터 2024년까지 총 15회 발생했다. 국면의 지속 기간은 최단 61일에서 최장 487일이었으며 평균적으로 약 166일간 이어졌다. 이 시기에는 장기금리가 단기금리보다 빠르게 상승하면서 수익률 곡선이 가팔라지는 모습을 보인다.

투자 시뮬레이션 결과

1) 투자금 전체를 2년 국채에 투자하는 경우

- 평균수익률: 1.0%
- 평균 이자수익률: 1.4%
- 평균 평가수익률: -0.4%

2) 투자금 전체를 10년 국채에 투자하는 경우

- 평균수익률: -4.0%
- 평균 이자수익률: 1.8%
- 평균 평가수익률: -5.8%

베어스팁 사례

시작	종료	미국채2y (시작시점)	미국채10y (시작시점)	미국채2y (종료시점)	미국채10y (종료시점)	2년캐리 수익률*	10년캐리 수익률
1983/07	1983/10	11.0	11.8	10.6	11.7	2.8%	3.0%
1986/04	1987/10	6.8	7.3	7.6	8.9	10.2%	11.0%
1996/12	1997/01	5.9	6.4	5.9	6.5	0.5%	0.5%
2003/07	2003/11	1.7	4.4	2.0	4.3	0.6%	1.4%
2006/12	2007/05	4.8	4.7	4.9	4.9	2.0%	2.0%
2009/01	2009/07	0.9	2.8	1.1	3.5	0.5%	1.4%
2009/12	2010/03	1.1	3.8	1.0	3.8	0.3%	0.9%
2010/11	2011/03	0.5	2.8	0.8	3.5	0.2%	0.9%
2012/08	2013/12	0.2	1.5	0.4	3.0	0.3%	2.1%
2015/04	2015/06	0.6	2.0	0.6	2.4	0.1%	0.3%
2016/07	2016/11	0.7	1.5	1.1	2.4	0.2%	0.5%
2019/09	2019/12	1.6	1.7	1.6	1.9	0.4%	0.4%
2020/08	2021/03	0.1	0.7	0.2	1.7	0.1%	0.4%
2023/07	2023/10	4.9	4.0	5.1	4.9	1.2%	1.0%
2024/01	2024/04	4.2	3.9	5.0	4.7	1.0%	1.0%

시작	종료	2년평가 수익률	10년평가 수익률	2년투자시 수익률	10년투자시 수익률	커브롱숏
1983/07	1983/10	0.83%	0.47%	3.7%	3.5%	2.5%
1986/04	1987/10	-1.54%	-15.40	8.6%	-4.4%	7.9%
1996/12	1997/01	-0.08%	-0.76%	0.4%	-0.2%	0.4%
2003/07	2003/11	-0.61%	0.74%	0.0%	2.2%	-0.4%
2006/12	2007/05	-0.20%	-1.86%	1.8%	0.1%	1.5%
2009/01	2009/07	-0.33%	-6.39%	0.1%	-5.0%	0.9%
2009/12	2010/03	0.24%	0.11%	0.5%	1.1%	0.3%
2010/11	2011/03	-0.74%	-6.74%	-0.6%	-5.8%	0.5%
2012/08	2013/12	-0.32%	-14.80%	0.0%	-12.7%	2.1%
2015/04	2015/06	-0.15%	-3.21%	-0.1%	-2.9%	0.4%
2016/07	2016/11	-0.92%	-9.28%	-0.7%	-8.8%	0.9%
2019/09	2019/12	0.11%	-2.53%	0.5%	-2.1%	0.8%
2020/08	2021/03	-0.06%	-10.36	0.0%	-9.9%	1.7%
2023/07	2023/10	-0.42%	-9.72%	0.8%	-8.7%	2.1%
2024/01	2024/04	-1.66%	-7.67%	-0.6%	-6.7%	0.6%
			평균수익률	1.0%	-4.0%	1.5%

주: Carry 수익률은 특정 채권을 특정 기간 동안 보유 시 얻는 이자수익률이다. 현업에서 주로 쓰이는 단어로 이자수익률과 유사한 의미이다.

3) 투자금의 6분의 5를 2년 국채에 투자,
6분의1을 10년 국채 인버스 ETF에 투자하는 경우

- 스티프너 전략 평균수익률: 1.5%
- 평균 이자수익률: 0.8%
- 평균 평가수익률: 0.7%

4) 대표적 사례 (2023년 7월부터 2023년 10월까지)

- 2년 금리: 4.88% → 5.09% (+21bp)
- 10년 금리: 3.96% → 4.93% (+97bp)
- 기간: 92일

위 경우, 2년 국채에 투자할 경우 4.9%의 이자를 92일 동안 받게 되므로

- 이자 수익률: 4.88% × 92 / 365 = +1.23%
- 평가 수익률: -(+21bp) × 2년 = -0.42%
- 총 수익률: +0.81%

동 기간에, 10년 국채에 투자할 경우

- 이자 수익률: 3.96% × 92 / 365 = 1.0%
- 평가 수익률: -(+97bp) × 10년 = -9.72%
- 총 수익률: -8.72%

동 기간에 2년 국채에 6분의 5투자, 10년 국채 인버스 ETF에 6분의 1을 투자할 경우

- **이자 수익률:** +1.23% × 5 / 6 - 1.0% × 1 / 6 = 0.86%
- **평가 수익률:** -0.42% × 5 / 6 - (-8.72%) × 1 / 6 = 1.27%
- **스티프너 전략 총 수익률:** 2.13%

5) 인사이트

채권의 경우 기본적으로 이자가 나오는 상품이므로 숏 전략을 취한다는 것은 (공매도) 이자를 내고 자금을 빌리는 것과 유사하기에, 개인이 구사하기에는 대부분의 경우에는 적합하지 않다. 그럼에도 단기간 동안 금리 상승이 예상된다면 금리 변동폭 대비 평가손익의 변동폭이 큰 장기 듀레이션 채권을 공매도하는 전략이 효과를 볼 수 있다는 것을 알 수 있다. 당시 인플레이션에 대한 우려가 심각한 가운데 (따라서 연준의 통화정책이 완화적이기 힘들 것이라고 예상) 미국의 재정적자 우려마저 주목받으면서 장기채권에 대한 불안감이 고조되고 있다는 기사가 연일 나오고 있었기에 충분히 대응 가능했던 상황이었다. 개인투자자 입장에서 채권 공매도는 제한적이지만, 인버스 ETF를 통해 간접 전략이 가능했던 것이다.

Bull Steepening 국면

Bull Steepening은 금리 인상기에서 인하기로 전환되거나 인하가 본격화되는 시점에서 자주 등장하며, 시장이 갑작스러운 완화적 정책 전환을 반영할 때 나타난다. 과거 총 15회(1983~2024년) 발생했는데, 15회 중 인상기에서 인하기로 전화되는 시점이 8회로 가장 큰 비중을 차지했다. 평균 지속 기간은 280일로, 가장 짧은 기간은 91일 동안이었고, 가장 긴 기간은 853일이었다.

투자 시뮬레이션 결과

---

1) 투자금 전체를 2년 국채에 투자하는 경우

- 평균수익률: 11.6%
- 평균 이자수익률: 6.1%
- 평균 평가수익률: 5.5%

2) 투자금 전체를 10년 국채에 투자하는 경우

- 평균수익률: 22.8%
- 평균 이자수익률: 6.2%
- 평균 평가수익률: 16.6%

불스팁 사례

시작	종료	미국채2y (시작시점)	미국채10y (시작시점)	미국채2y (종료시점)	미국채10y (종료시점)	2년캐리 수익률	10년캐리 수익률
1976/07	1976/12	6.7	7.9	5.3	6.8	2.8%	3.3%
1980/03	1980/06	14.6	12.6	9.0	10.1	3.6%	3.2%
1981/09	1983/01	16.7	15.8	9.6	10.8	22.3%	21.2%
1984/07	1985/06	12.5	12.9	8.6	10.2	11.4%	11.7%
1989/04	1989/07	9.3	9.1	7.5	7.8	2.4%	2.3%
1990/05	1992/09	8.5	8.6	3.8	6.4	19.8%	20.1%
1995/01	1996/01	7.2	7.6	4.9	5.6	7.2%	7.6%
1998/07	1998/10	5.5	5.5	4.1	4.6	1.4%	1.4%
2000/05	2001/10	6.7	6.3	2.4	4.2	9.5%	8.9%
2002/04	2003/06	3.2	5.1	1.3	3.5	3.8%	5.9%
2007/06	2008/03	4.9	5.0	1.6	3.4	3.7%	3.8%
2008/06	2008/10	2.6	4.0	1.5	4.0	0.9%	1.3%
2009/08	2009/11	1.0	3.4	0.7	3.2	0.2%	0.8%
2020/01	2020/07	1.3	1.5	0.1	0.5	0.7%	0.8%
2024/05	2024/09	4.9	4.5	3.6	3.8	1.6%	1.5%

시작	종료	2년평가 수익률	10년평가 수익률	2년투자시 수익률	10년투자시 수익률	커브롱숏
1976/07	1976/12	2.80%	10.50%	5.6%	13.8%	2.4%
1980/03	1980/06	11.32%	25.50%	15.0%	28.7%	7.7%
1981/09	1983/01	14.22%	50.40%	36.5%	71.6%	18.5%
1984/07	1985/06	7.82%	26.88%	19.2%	38.6%	9.6%
1989/04	1989/07	3.52%	12.49%	5.9%	14.8%	2.5%
1990/05	1992/09	9.37%	22.45%	29.2%	42.5%	17.2%
1995/01	1996/01	4.62%	20.01%	11.9%	27.6%	5.3%
1998/07	1998/10	2.72%	8.89%	4.1%	10.3%	1.7%
2000/05	2001/10	8.50%	20.40%	18.0%	29.3%	10.1%
2002/04	2003/06	3.84%	15.71%	7.6%	21.6%	2.7%
2007/06	2008/03	6.55%	16.15%	10.2%	19.9%	5.2%
2008/06	2008/10	2.14%	0.16%	3.0%	1.5%	2.3%
2009/08	2009/11	0.61%	2.00%	0.9%	2.8%	0.2%
2020/01	2020/07	2.42%	9.79%	3.1%	10.5%	0.8%
2024/05	2024/09	2.46%	7.18%	4.1%	8.7%	2.0%
			평균수익률	11.6%	22.8%	5.9%

3) 투자금의 6분의 5를 2년 국채에 투자,
6분의 1을 10년 국채 인버스 ETF에 투자하는 경우

- **평균수익률:** 5.8%
- **평균 이자수익률:** 4.0%
- **평균 평가수익률:** 1.8%

4) 대표적 사례 (2020년 1월부터 2020년 7월)

- **2년 금리:** 1.31% → 0.11% (-120bp)
- **10년 금리:** 1.51% → 0.53% (-98bp)
- **기간:** 182일

위 경우, 2년 국채에 투자할 경우 1.31%의 이자를 182일 동안 받게 되므로

- **이자 수익률:** 1.31% × 182 / 365 = 0.65%
- **평가 수익률:** -(-120bp) × 2년 = 2.40%
- **총 수익률:** 3.05%

동 기간에, 10년 국채에 투자할 경우

- **이자 수익률:** 1.51% × 182 / 365 = 0.75%
- **평가 수익률:** -(-98bp) × 10년 = 9.8%
- **총 수익률:** 10.55%

동 기간에, 2년 국채에 6분의 5투자, 10년 국채 인버스 ETF에 6분의 1을 투자할 경우

- **이자 수익률:** 0.65% × 5 / 6 - 0.75 × 1 / 6 = 0.42%
- **평가 수익률:** 2.4% × 5 / 6 - 9.8% × 1 / 6 = 0.37%
- **총 수익률:** 0.79%

5) 인사이트

위에도 언급했지만, 채권의 경우 기본적으로 이자가 나오는 상품이므로 숏 전략을 취한다는 것은 (공매도) 이자를 내고 자금을 빌리는 것과 유사하기에, 개인이 구사하기에는 대부분의 경우에는 적합하지 않다. 특히 금리가 하락될 것이 예상되는 경우에는 이자도 지급하면서 평가손실까지 보는 상황이기에 손실이 가중된다. 기관투자가의 경우 채권을 공매도하는 경우 이자비용을 내고 자금을 차입할 수 있다. 그 자금으로 다른 곳에 투자하는 것이 가능하기에 개인과는 투자 메커니즘이 완전히 다르다고 할 수 있다. 금리하락이 예상되는 경우에는 장기간에 걸쳐 수령해야 하는 이자 수익보다는 평가손익이 극대화되는 장기채 비중을 늘려 나가야 한다는 점에 주목해야 한다.

Bear Flattening 국면

Bear Flattening은 기준금리 인상기에서 많이 나타나며, 1977년부터

2024년까지 18번 발생했다. 가장 짧은 기간은 29일이었고, 가장 긴 기간은 1,124일이었다. 평균 363일간 지속되었는데, 18회 중 9차례가 인하기에서 인상기로 전환되는 시점에 나타났다.

투자 시뮬레이션 결과

1) 투자금 전체를 2년 국채에 투자하는 경우

- 평균수익률: 0.1%
- 평균 이자수익률: 4.4%
- 평균 평가수익률: -4.3%

2) 투자금 전체를 10년 국채에 투자하는 경우

- 평균수익률: -7.1%
- 평균 이자수익률: 5.7%
- 평균 평가수익률: -12.8%

3) 투자금의 6분의 5를 2년 국채 인버스에 투자, 6분의 1을 10년 국채에 투자하는 경우

- 평균수익률: -1.2%
- 평균 이자수익률: -2.7%
- 평균 평가수익률: +1.5%

베어플랫 사례

시작	종료	미국채2y (시작시점)	미국채10y (시작시점)	미국채2y (종료시점)	미국채10y (종료시점)	2년캐리 수익률	10년캐리 수익률
1977/01	1980/02	6.2	7.4	14.7	12.7	19.1%	22.8%
1980/07	1981/08	9.7	10.8	16.7	15.4	10.6%	11.7%
1983/02	1983/06	9.3	10.3	10.2	10.9	3.1%	3.4%
1983/11	1984/06	10.6	11.6	13.2	13.8	6.2%	6.7%
1987/11	1989/03	7.7	9.0	9.7	9.3	10.3%	12.0%
1989/08	1990/04	8.4	8.3	8.9	9.0	5.6%	5.5%
1992/10	1992/11	4.4	6.8	4.8	6.9	0.4%	0.6%
1993/09	1994/12	3.9	5.4	7.7	7.8	4.8%	6.7%
1996/02	1996/08	5.4	6.1	6.3	6.9	2.7%	3.1%
1997/02	1997/03	6.1	6.6	6.4	6.9	0.5%	0.6%
1998/11	2000/04	4.5	4.7	6.7	6.2	6.4%	6.7%
2001/11	2002/03	2.8	4.8	3.7	5.4	0.9%	1.5%
2004/04	2006/11	2.3	4.5	4.6	4.5	6.0%	11.7%
2008/04	2008/05	2.3	3.7	2.6	4.1	0.2%	0.3%
2015/07	2015/12	0.7	2.2	1.0	2.3	0.3%	0.9%
2016/12	2018/10	1.2	2.4	2.9	3.1	2.2%	4.5%
2021/04	2023/06	0.2	1.6	4.9	3.8	0.3%	3.5%
2024/10	2024/11	4.2	4.3	4.2	4.2	0.3%	0.3%

시작	종료	2년평가 수익률	10년평가 수익률	2년투자시 수익률	10년투자시 수익률	커브롱숏
1977/01	1980/02	-17.10%	-53.20%	2.0%	-30.4%	-6.7%
1980/07	1981/08	-14.02%	-46.50%	-3.5%	-34.8%	-2.9%
1983/02	1983/06	-1.66%	-6.27%	1.5%	-2.8%	-1.7%
1983/11	1984/06	-5.08%	-22.50%	1.1%	-15.8%	-3.5%
1987/11	1989/03	-3.86%	-3.03%	6.5%	8.9%	-3.9%
1989/08	1990/04	-1.09%	-7.71%	4.5%	-2.2%	-4.1%
1992/10	1992/11	-0.82%	-1.48%	-0.4%	-0.9%	0.2%
1993/09	1994/12	-7.65%	-24.40%	-2.8%	-17.7%	-0.6%
1996/02	1996/08	-1.82%	-8.45%	0.9%	-5.4%	-1.6%
1997/02	1997/03	-0.67%	-3.51%	-0.2%	-3.0%	-0.4%
1998/11	2000/04	-4.34%	-14.98%	2.0%	-8.3%	-3.1%
2001/11	2002/03	-1.74%	-6.44%	-0.8%	-4.9%	-0.1%
2004/04	2006/11	-4.59%	-0.47%	1.4%	12.1%	0.9%
2008/04	2008/05	-0.77%	-3.32%	-0.6%	-3.0%	0.0%
2015/07	2015/12	-0.77%	-0.89%	-0.5%	0.0%	0.4%
2016/12	2018/10	-3.36%	-6.99%	-1.2%	-2.5%	0.6%
2021/04	2023/06	-9.47%	-22.11%	-9.1%	-18.6%	4.5%
2024/10	2024/11	0.04%	1.16%	0.4%	1.5%	-0.1%
	평균수익률			0.1%	-7.1%	-1.2%

4) 대표적 사례 (2015년 7월부터 2015년 12월)

- **2년 금리:** 0.66% → 1.05% (+39bp)
- **10년 금리:** 2.18% → 2.27% (+9bp)
- **기간:** 153일

위 경우, 2년 만기 국채에 투자할 경우 0.66%의 이자를 153일 동안 받게 되므로

- **이자 수익률:** 0.66% × 153 / 365 = 0.28%
- **평가 수익률:** -(+39bp) × 2년 = -0.78%
- **총 수익률:** -0.5%

동 기간에, 10년 국채에 투자할 경우

- **이자 수익률:** 2.18% × 153 / 365 = 0.91%
- **평가 수익률:** -(+9bp) × 10년 = -0.9%
- **총 수익률:** 0.01%

동 기간에, 2년 국채 인버스 ETF에 6분의 6투자, 10년 국채에 6분의 1을 투자할 경우

- **이자 수익률:** -0.28% × 5 / 6 + 0.91 × 1 / 6 = -0.08
- **평가 수익률:** -0.78 × 5 / 6 + (-0.9%) × 1 / 6 = 0.5%
- **총 수익률:** 0.42%

5) 인사이트

베어스팁 국면과 마찬가지로 짧은 기간 안에 금리 상승이 예상되는 경우, 인버스 포지션은 효과를 볼 수 있는 전략임이 분명하다. 다만, 위의 사례의 경우에는 비교적 짧은 기간이었기에 효과를 볼 수 있었다. 비교적 최근 사례인 2021년 이후의 금리 인상기를 사례로 삼지 않은 점은, 베어플랫 국면이 매우 길었기 때문이다. 이 경우에는 2년 채권에 투자하여 금리가 매우 급격하게 오르더라도, 결국 2년 후에는 만기상환을 받을 것이고, 만기 상환시에는 그동안 인식했던 평가 손실이 줄어들고 처음 채권을 매수한 시점의 수익률로 회귀하기 때문이다. 베어플랫장은 기관투자가에게는 조달 금리의 상승으로 인해 매우 어려운 장이다. 개인투자자들이 단기국채 숏포지션을 들어갈 때에는 단기적으로 이익을 볼 것이 확실시되지 않는 이상에는 바람직하지 않다고 판단된다. 또한 단기채권을 보유한 개인투자자들은 단기국채의 금리가 상승이 예상된다 하더라도, 만기상환 이전에 매도하는 것이 만기보유시까지 버텨서 돌아올 수익률보다 더 나은 투자기회가 있을 때에만 매도를 해야 한다.

Bull Flattening 국면
—

Bull Flattening은 인하기 말기 또는 금리 동결 시점에서 많이 발생하며, 1985년부터 2024년까지 12번 발생했다. 국면의 기간은 가장 짧은 기간은 29일이었고, 가장 긴 기간은 426일이었다. 평균 218일간 지속되었는데, 8차례가 인하기 최종금리 도달 이후 금리 동결기에 나타났다.

투자 시뮬레이션 결과

1) 투자금 전체를 2년 국채에 투자하는 경우

- 평균수익률: 3.1%
- 평균 이자수익률: 1.9%
- 평균 평가수익률: 1.2%

2) 투자금 전체를 10년 국채에 투자하는 경우

- 평균수익률: 14.0%
- 평균 이자수익률: 2.8%
- 평균 평가수익률: 11.2%

3) 투자금의 6분의 5를 2년 국채 인버스에 투자, 6분의 1을 10년 국채에 투자하는 경우

- 평균수익률: -0.2%
- 평균 이자수익률: -1.1%
- 평균 평가수익률: 0.9%

불플랫 사례

시작	종료	미국채2y (시작시점)	미국채10y (시작시점)	미국채2y (종료시점)	미국채10y (종료시점)	2년캐리 수익률	10년캐리 수익률
1985/07	1986/03	9.0	10.5	6.9	7.3	6.0%	7.0%
1992/12	1993/08	4.6	6.7	3.9	5.4	3.0%	4.5%
1996/09	1996/11	6.1	6.7	5.6	6.0	1.0%	1.1%
1997/04	1998/06	6.3	6.7	5.5	5.4	7.3%	7.8%
2003/12	2004/03	1.8	4.2	1.6	3.8	0.5%	1.1%
2008/11	2008/12	1.0	2.9	0.8	2.2	0.1%	0.3%
2010/04	2010/10	1.0	3.7	0.3	2.6	0.5%	1.8%
2011/04	2012/07	0.6	3.3	0.2	1.5	0.8%	4.1%
2014/01	2015/03	0.3	2.6	0.6	1.9	0.4%	3.1%
2016/01	2016/06	0.8	1.9	0.6	1.5	0.3%	0.8%
2018/11	2019/08	2.8	3.0	1.5	1.5	2.1%	2.2%
2023/11	2023/12	4.7	4.3	4.2	3.9	0.4%	0.3%

시작	종료	2년평가 수익률	10년평가 수익률	2년투자시 수익률	10년투자시 수익률	커브롱숏
1985/07	1986/03	4.18%	31.66%	10.2%	38.7%	-2.0%
1992/12	1993/08	1.40%	12.38%	4.4%	16.8%	-0.9%
1996/09	1996/11	1.04%	6.59%	2.0%	7.7%	-0.4%
1997/04	1998/06	1.61%	12.72%	8.9%	20.6%	-4.0%
2003/12	2004/03	0.49%	4.11%	0.9%	5.2%	0.1%
2008/11	2008/12	0.43%	7.08%	0.5%	7.3%	0.8%
2010/04	2010/10	1.25%	10.54%	1.7%	12.4%	0.6%
2011/04	2012/07	0.78%	18.18%	1.5%	22.3%	2.4%
2014/01	2015/03	-0.45%	7.21%	-0.1%	10.3%	1.8%
2016/01	2016/06	0.38%	4.51%	0.7%	5.3%	0.3%
2018/11	2019/08	2.57%	14.92%	4.6%	17.2%	-1.0%
2023/11	2023/12	0.86%	4.47%	1.2%	4.8%	-0.2%
			평균수익률	3.1%	14.0%	-0.2%

4) 대표적 사례 (2018년 11월부터 2019년 8월)

- **2년 금리:** 2.79% → 1.50% (-129bp)
- **10년 금리:** 2.99% → 1.50% (-149bp)
- **기간:** 273일

위 경우, 2년 국채에 투자할 경우 2.79%의 이자를 273일 동안 받게 되므로

- **이자 수익률:** 2.79% × 273 / 365 = 2.08%
- **평가 수익률:** -129bp × 2년 = 2.58%
- **총 수익률:** 4.56%

동 기간에, 10년 국채에 투자할 경우

- **이자 수익:** 2.99% × 273 / 365 = 2.23%
- **평가 수익률:** -(-149)bp × 10년 = 14.9%
- **총 수익률:** 17.13%

동 기간에, 2년 국채 인버스 ETF에 6분의 5투자, 10년 국채에 6분의 1을 투자할 경우

- **이자 수익률:** -2.08% × 5 / 6 + 2.23 × 1 / 6 = -1.36%
- **평가 수익률:** -2.58 × 5 / 6 + 14.9% × 1 / 6 = 0.35%
- **총 수익률:** -1.01%

5) 인사이트

채권시장의 격언 중에 "채권은 숏치는 상품이 아니다"라는 말이 무엇인지 보여주는 사례이다. 장기간 고금리를 수령하는 채권에 투자한 선택이 대세 금리 하락으로 이어지면서 이자, 평가 수익을 모두 챙기는 상황이다. 이 경우에는 단기채권과 장기채권과의 수익률 차이도 11.4%에 해당하면서 듀레이션 베팅의 위력을 보여준 사례라고 할 수 있다.

결론:
수익률 곡선의 국면과 투자 전략의 상관성
—

수익률 곡선은 단순히 금리의 높고 낮음을 넘어서, 경제와 시장의 심리, 그리고 중앙은행의 정책 스탠스를 압축적으로 반영한다. 본 장의 분석은 각 국면별 투자 전략이 수익률에 얼마나 큰 영향을 미치는지를 보여준다.

위의 사례들은 조달비용이 따로 존재하지 않는 개인투자자가 채권 투자 시에 꼭 고려해야 할 요소가 무엇인지 보여준다. 채권은 이자를 주는 상품이기에 정말로 단기간 전략적 요소를 고려하여 롱숏 전략을 구사하는 것은 현실적으로 구현 가능하기도 어려우며, 조달비용이 존재하지 않기에 실익이 크지 않다. 다만 위의 투자 수익률들을 정리한 함의는 바로 전략에 따라 수익률의 편차가 매우 크다는 점이다.

국면에 따라서 평균수익률의 편차가 최소 5%에서 많으면 11.4%까지 나게 된다. 개인의 경우 대부분, 자본차익을 위해 장기물을 선호하는 경우가 많지만, 꼭 그렇지만도 않다는 점을 충분히 인지할 수 있다. 또한 만기에 원금을 상환 받을 수 있는 상품임에도 전략에 따라 수익률 편차가 다양해지는 것을 고려할 때 충분히 매력적인 투자상품이라 할 수 있다.

만기까지 보유할 경우 이자수익과 원금이 보장되는 채권은 충분히 안정적인 상품이다. 특히 단기채권의 경우 조달비용이 없는 개인투자자는 금리 상승 구간에서도 단기간만 버티면 되므로 부담이 적다. 다만, 장기채권의 경우에는 금리 상승국면에서 평가손실이 커지기 쉬우므로, 단기채권의 비중을 확대해서 대응해야 한다. 단, 경기침체와 대세 금리 인하 사이클에서는 듀레이션을 통한 평가이익을 확보하기 위해 장기채권의 비중을 어느정도 가지는 것도 중요하다. 단기간의 금리 변동에도 평가 손실이 크게 노출되는 장기채권은 보다 금리 방향성에 대한 확신이 필요한 상품을 선택할 필요가 있겠다.

통화정책 국면과
수익률 곡선의 상관성

03

미국 사례

채권시장에서는 수익률 곡선의 기울기 변화가 경기와 통화정책의 방향을 반영하는 중요한 신호로 여겨진다. 특히 장단기금리차는 정책 기대와 리스크 프리미엄, 인플레이션 전망 등 다양한 요인을 내포하고 있다. 본 장에서는 1976년 이후 미국의 통화정책 국면을 네 가지 커브 형태로 구분하고, 각 국면에서 반복적으로 나타났던 수익률 곡선 변화의 특성과 금리차 확대 혹은 축소 패턴을 정리하고자 한다.

베어스팁 Bear Steepening

장기물 금리가 단기물보다 더 큰 폭으로 상승하면서 수익률 곡선이 가팔라지는 현상이다. 대개 장기물의 인플레이션 프라이싱 혹은 공급 충격이 주요 원인이다.

1) 발생 국면 및 빈도

1976년 이후 총 15차례 발생했으며, 이 중 금리 인상과 인하가 혼재된 1차례를 제외하면 14차례가 순수 베어스팁 국면으로 분류된다. 흥미롭게도 인상기보다는 인하기, 그중에서도 최종금리 동결기에서 가장 빈번하게 발생했다.

- **인하기 최종금리 동결기:** 14건 중 8건 (57%)
- **인상기 최종금리 동결기:** 3건 (21%)
- **인상기 진행 중:** 1건
- **인상 → 인하 전환기:** 1건

2) 수익률 곡선 변화

- **금리 인상기 평균:** 평균 +36bp / 최대 +90bp / 최소 +2bp
- **인상기 최종금리(terminal rate) 동결:** 평균 +35bp / 최대 +35bp / 최소 +90bp
- **금리 인하기:** 평균 +57bp / 최대 +139bp / 최소 +13bp
- **인하기 최종금리(terminal rate) 동결:** 평균 +60bp / 최대 +139bp / 최소 +13bp
- **인상 → 인하 전환기:** +41bp

3) 요약

베어스팁은 인하기 최종금리 동결 국면에서 가장 빈번하며, 평균적으로 +60bp의 금리차 확대가 나타난다. 이는 장기물 금리가 인플레이션 우려나 수급 부담 등으로 상승했음을 의미한다.

4) 사례 정리: 통화정책 국면별로

인상기

- 2016/07~2016/11 (5개월): 2/10Y 금리차 +38bp 확대

인상기 내 최종금리 동결 국면

- 2006/12~2007/05 (6개월): 2/10Y 금리차 +13bp 확대
- 2023/07~2023/10 (4개월): 2/10Y 금리차 +90bp 확대
- 2024/01~2024/04 (4개월): 2/10Y 금리차 +2bp 확대

인하기

- 2019/09~2019/12 (4개월): 2/10Y 금리차 +36bp 확대

인하기 내 최종금리 동결 국면

- 1996/12~1997/01 (2개월): 2/10Y 금리차 +18bp 확대
- 2003/07~2003/11 (5개월): 2/10Y 금리차 +13bp 확대
- 2009/01~2009/07 (7개월): 2/10Y 금리차 +92bp 확대
- 2009/12~2010/03 (4개월): 2/10Y 금리차 +28bp 확대
- 2010/11~2011/03 (5개월): 2/10Y 금리차 +39bp 확대
- 2012/08~2012/12 (17개월): 2/10Y 금리차 +139bp 확대
- 2015/04~2015/06 (3개월): 2/10Y 금리차 +34bp 확대

- 2020/08~2012/03 (8개월): 2/10Y 금리차 +116bp 확대

인상 → 인하 전환 국면

- 1983/07~1983/10 (4개월): 2/10Y 금리차 +41bp 확대

인하 → 인상 전환 국면

- 발생 X

불스팁 Bull Steepening

단기물 금리가 장기물보다 빠르게 하락하여 수익률 곡선이 가팔라지는 현상이다. 정책금리 인하 혹은 경기침체에 대한 대응이 주된 배경이다.

1) 발생 국면 및 빈도

불스팁은 총 15차례 중 인상과 인하를 반복했던 2차례를 제외하면 13차례가 순수 국면으로 분류된다. 단, 금리 인상기에서는 단 한 번도 발생하지 않았으며 (0%), 가장 빈번하게 나타난 국면은 금리 인상기에서 인하기로의 전환 시기로 7차례 (54%)에 달한다. 금리 인하기에서도 4차례 (31%) 발생했다.

2) 수익률 곡선 변화

- **금리 인상기:** 발생 없음
- **금리 인하기:** 평균 +97bp / 최대 +248bp / 최소 +7bp
- **인하기 최종금리(terminal rate) 동결:** +17bp
- **인상 → 인하 전환기:** 평균 +133bp / 최대 +313bp / 최소 +34bp
- **인하 → 인상 전환기:** +63bp

3) 요약

불스팁은 금리 인상기 말미에서 금리 인하로 전환될 때 집중적으로 발생한다. 정책 전환에 대한 선반영으로 단기금리가 급격히 하락하며 수익률 곡선은 평균 +133bp 확대된다. 이는 전형적인 경기 둔화 혹은 정책 변화 기대 반영이다.

4) 사례 정리: 통화정책 국면별로

인상기
- 발생 x

인상기 내 최종금리 동결 국면
- 발생 x

인하기
- 1990/05~1992/09 (29개월): 2/10Y 금리차 +248bp 확대

- 2002/04~2003/06 (15개월): 2/10Y 금리차 +40bp 확대

- 2008/06~2008/10 (5개월): 2/10Y 금리차 +94bp 확대

- 2020/01~2020/07 (7개월): 2/10Y 금리차 +7bp 확대

인하기 내 최종금리 동결 국면

- 2009/08~2009/11 (4개월): 2/10Y 금리차 +17bp 확대

인상 → 인하 국면

- 1980/03~1980/06 (4개월): 2/10Y 금리차 +313bp 확대

- 1989/04~1989/07 (4개월): 2/10Y 금리차 +68bp 확대

- 1995/01~1996/01 (13개월): 2/10Y 금리차 +57bp 확대

- 1998/07~1998/10 (4개월): 2/10Y 금리차 +34bp 확대

- 2000/05~2001/10 (18개월): 2/10Y 금리차 +226bp 확대

- 2007/06~2008/03 (10개월): 2/10Y 금리차 +186bp 확대

- 2024/05~2024/09 (5개월): 2/10Y 금리차 +50bp 확대

인하 → 인상 국면

- 1976/07~1976/12 (6개월): 2/10Y 금리차 +63bp 확대

베어플랫 Bear Flattening

―

단기물 금리가 장기물보다 더 큰 폭으로 상승하면서 수익률 곡선이 평평해지는 현상이다. 이는 통화 긴축의 본격화 혹은 정책금리 인상이 시장에 반영되는 국면에서 흔히 발생한다.

1) 발생 국면 및 빈도

총 18차례 중 금리 인상과 인하를 반복했던 2차례를 제외하면 16건이며, 가장 빈번하게 발생한 국면은 금리 인하기에서 인상기로의 전환 시점으로 전체의 56%를 차지한다. 이는 정책금리 인상 기대가 강하게 반영되는 초기 국면에서 단기금리가 빠르게 반응하기 때문이다.

2) 수익률 곡선 변화

- **금리 인상기:** -99bp
- **금리 인하기:** 평균 -21bp / 최대 -5bp / 최소 -41bp
- **인하기 최종금리(terminal rate) 동결:** 평균 -24bp / 최대 -7bp / 최소 -41bp
- **인하 → 인상 전환기:** 평균 -118bp / 최대 -11bp / 최소 -264bp

3) 요약

베어플랫은 인하에서 인상으로의 정책 전환기에서 가장 빈번하며,

평균적으로 −118bp의 금리차 축소가 나타난다. 단기물 급등이 커브 평탄화의 핵심 원인이다.

4) 사례 정리: 통화정책 국면별로

인상기

- 2016/12~2018/10 (23개월): 2/10Y 금리차 -99bp 축소

인상기 내 최종금리 동결 국면

- 발생 x

인하기

- 1989/08~1990/04 (9개월): 2/10Y 금리차 -21bp 축소
- 2001/11~2002/03 (5개월): 2/10Y 금리차 -12bp 축소
- 2008/04~2008/05 (2개월): 2/10Y 금리차 -36bp 축소
- 2024/10~2024/11 (2개월): 2/10Y 금리차 -5bp 축소

인하기 내 최종금리 동결 국면

- 1992/10~1992/11 (2개월): 2/10Y 금리차 -41bp 축소
- 1996/02~1996/08 (7개월): 2/10Y 금리차 -5bp 축소

인상 → 인하 국면

- 발생 X

인하 → 인상 국면

- 1983/02~1983/06 (5개월): 2/10Y 금리차 -46bp 축소
- 1983/11~1984/06 (8개월): 2/10Y 금리차 -47bp 축소
- 1987/11~1989/03 (17개월): 2/10Y 금리차 -171bp 축소
- 1993/09~1994/12 (16개월): 2/10Y 금리차 -147bp 축소
- 1997/02~1997/03 (2개월): 2/10Y 금리차 -11bp 축소
- 1998/11~2000/04 (18개월): 2/10Y 금리차 -84bp 축소
- 2004/04~2006/11 (32개월): 2/10Y 금리차 -243bp 축소
- 2015/07~2015/12 (6개월): 2/10Y 금리차 -49bp 축소
- 2021/04~2023/06 (27개월): 2/10Y 금리차 -264bp 축소

불플랫 Bull Flattening

장기물 금리가 단기물보다 더 큰 폭으로 하락하면서 수익률 곡선이 평평해지는 현상이다. 보통 장기물 중심의 경기 비관론, 디스인플레이션 기대 혹은 장기 수요 증가가 배경이다.

1) 발생 국면 및 빈도

총 12차례 중 11건이 유효한 사례로 집계된다. 이 가운데 절반 이상이 인하기 최종금리 동결 국면에서 발생했다.

- 금리 인하기 최종금리(terminal rate) 동결: 6건 (55%)
- 인상기 및 인상기 최종금리 동결: 각각 1~2건씩

2) 수익률 곡선 변화

- 금리 인상기: -33bp
- 인상기 최종금리 동결: 평균 -37bp / 최대 -21bp / 최소 -52bp
- 금리 인하기: -95bp
- 인하기 최종금리 동결: 평균 -67bp / 최대 -8bp / 최소 -139bp
- 인상 → 인하 전환기: -29bp

3) 요약

불플랫은 장기물 금리가 크게 하락하는 장세로, 특히 인하기 최종금리 동결기에 집중된다. 평균적으로 -67bp의 금리차 축소가 나타난다. 이는 장기물 금리가 경제 둔화 또는 장기금리 수요 증가로 인해 크게 하락하는 현상을 반영한다.

4) 사례 정리: 통화정책 국면별로

인상기

- 2016/01~2016/06 (6개월): 2/10Y 금리차 -33bp 축소

인상기 내 최종금리 동결 국면

- 1997/04~1998/06 (15개월): 2/10Y 금리차 -52.bp 축소

- 2023/11~2023/12 (2개월): 2/10Y 금리차 -21bp 축소

인하기

- 2008/11~2008/12 (2개월): 2/10Y 금리차 -95bp 축소

인하기 내 최종금리 동결 국면

- 1992/12~1993/08 (9개월): 2/10Y 금리차 -57bp 축소
- 1996/09~1996/11 (3개월): 2/10Y 금리차 -15bp 축소
- 2003/12~2004/03 (4개월): 2/10Y 금리차 -8bp 축소
- 2010/04~2010/10 (7개월): 2/10Y 금리차 -5bp 축소
- 2011/04~2012/07 (16개월): 2/10Y 금리차 -139bp 축소
- 2014/01~2015/03 (15개월): 2/10Y 금리차 -128bp 축소

인상 → 인하 국면

- 2018/11~2019/08 (10개월): 2/10Y 금리차 -29bp 축소

수익률 곡선 유형 정리

커브 유형	주요 발생 국면	평균 금리차 변화 (2/10Y)
베어스팁	인하기 최종금리 동결기	+60bp 확대
불스팁	인상 > 인하 전환기	+133bp 확대
베어플랫	인하 > 인상 전환기	-118bp 축소
불플랫	인하기 최종금리 동결기	-67bp 축소

이러한 데이터는 수익률 곡선의 변화가 단순히 금리 수준의 문제를 넘어 통화정책의 전환 시점과 구조적인 기대 변화에 깊이 연동되어 있음을 보여준다. 특히 '최종금리 동결기'는 장기물의 방향성에 따라 베어스팁 혹은 불플랫이, 정책 방향 전환기에는 불스팁이나 베어플랫이 반복되는 구조적 패턴을 형성한다.

5장

한국은행 통화정책 해독학

문구文句 속에 숨어 있는
통화정책 시그널을 읽다

01 왜 통방문을 읽어야 할까

"긴급 속보보다 중요한 것은 단어 하나의 변화다." 이는 너무나도 잘 알려진 채권 트레이더들의 격언 중 하나다.

한국은행법은 물가안정(제1조 ①)과 금융안정(제1조 ②)을 양대 목표로 규정한다. 참고로 2019년 이후 물가안정목표는 소비자물가 상승률(전년동기대비) 기준으로 2.0%이다. 물론 단발성이 아니라 중기적 관점에서 이를 지속적으로 상회하거나 하회할 위험을 모두 고려하겠다는 의미로 받아들이면 되겠다. 이러한 양대 목표를 달성하기 위해 7인의 금융통화위원회가 연 8차례 기준금리를 결정하고, 결과와 판단을 통화정책방향문(통방문)으로 공개한다.

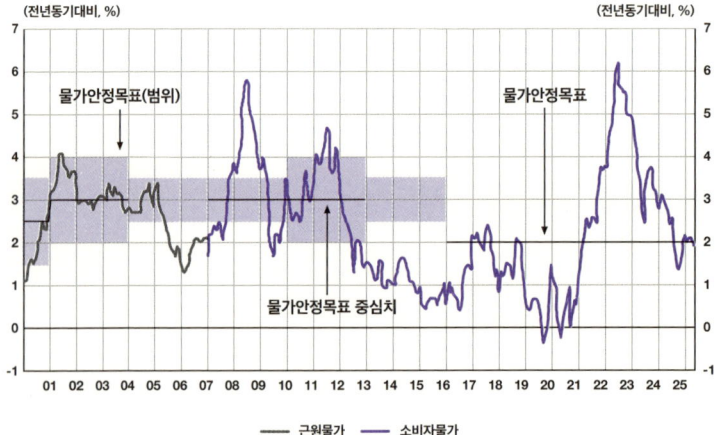

출처: 한국은행

    통방문은 한국은행이 시장과 대화하는 1차 자료다. 사후 자료(의사록)는 2주 후 화요일에 게시된다. 수정경제전망 자료는 2, 5, 8, 11월 회의마다 업데이트된다. 참고로 미국 연준이 수정경제전망을 제공하는 분기말(3, 6, 9, 12월)에는 회의가 열리지 않는다. 따라서 한국은 데이터가 많이 제공되는 2, 5, 8, 11월 통화정책회의가 다른 4차례 회의보다 주목도가 높을 수밖에 없다(2016년까지는 매월 금통위를 개최했고, 수정경제전망도 2019년까지는 1, 4, 7, 10월에 발표). 정책 국면 전환의 첫 단서는 대개 통방문의 단어 선택과 수식어 강도, 순서 변화를 통해 포착할 수 있다.

회의 주기와 자료 공개

구분	2016년까지	2017년 이후	수정경제전망 발표	의사록 공개
회의 주기	매월	연 8회(분기말 제외)	2, 5, 8, 11월	회의 2주 후 첫 화요일

주: 2019년까지는 1, 4, 7, 10월, 2020년부터 현재 일정으로 변경

통방문의 구조: '여섯 단락' 핵심 체크포인트

통화정책은 한국은행 금융통화위원회의 기준금리 결정과 그에 따른 정책 방향으로 구체화된다. 그러나 그 결정의 이면에 담긴 의도와 미래 경로를 읽기 위해서는 단순히 결과만 봐서는 부족하다. 이때 중요한 역할을 하는 것이 바로 한국은행이 정책회의 직후에 공개하는 공식 문서, 통화정책방향문(이하 '통방문')이다. 통방문은 흔히 미국 연방준비제도이사회Fed의 FOMC 성명서statement에 비견되곤 한다. 실제로 그 목적과 성격은 유사하다.

기준금리 결정의 배경, 국내외 경제 상황에 대한 평가, 정책 방향에 대한 시사점 등을 간결하지만 구조적으로 전달하는 수단이다. 시장 참가자들이 그 내용을 세밀하게 분석하며 금리와 외환, 자산시장에 반영하는 이유도 이 때문이다.

금리 결정은 단일 숫자로 드러나지만, 그 안에 담긴 맥락은 훨씬 복잡하다. 예컨대 기준금리를 동결했더라도 그것이 '비둘기파적 동결

dovish hold'인지, 아니면 '매파적 동결hawkish hold'인지에 따라 해석은 정반대로 달라질 수 있다. 뉴스 헤드라인만으로는 이런 미묘한 차이를 포착하기 어렵다. 따라서 직전 통방문과의 비교differential reading를 통해 단어의 추가, 삭제, 순서 변경, 수식어의 강도 조절 등을 세밀히 관찰하는 것이 중요하다. 특히 채권 투자자와 이코노미스트, 금융시장 참가자라면 통방문 분석은 통화정책 시계의 선행지표 역할을 한다.

한국은행 통방문은 일정한 구성과 문장 흐름을 갖춘 정형화된 여섯 단락으로 이루어져 있다. 각 단락은 역할과 성격이 다르며, 투자자가 어떤 시그널을 얻기 위해서는 단락별로 초점을 달리해야 된다.

한국은행 통화정책방향문 구성

단락 번호	주요 내용	투자자 관전 포인트
① 정책결정 요약	기준금리 결정 결과, 배경 설명, 소수의견 여부	정책 변경 유무, 만장일치 여부
② 대외 경제 평가	글로벌 경기, 주요국 통화정책, 무역·원자재 리스크 등	해외 변수 중심 강조 수위
③ 국내 실물경제 평가	GDP 성장률, 수출·소비·투자, 고용, 향후 성장 흐름	성장률 상하향 조정 여부, 불확실성 언급 수위
④ 국내 물가 평가	소비자물가, 근원물가, 기대 인플레, 향후 경로	물가경로 변경, 목표 상회 여부 등 인플레 압력 판단
⑤ 금융·외환시장 평가	금리, 환율, 신용, 자산가격, 가계부채 등	금융불균형 경고 여부, 외환시장 변동성
⑥ 정책 운용 방침	향후 금리 방향, 속도, 조건, 고려사항	'면밀히', '신중히', '완화정도 조정' 등 핵심 키워드

첫 번째 단락은 통화정책 결정 내용과 그 배경이 기재된다. 두 번째 단락은 세계경제에 대한 평가와 향후 고려해야 될 재료들이 적혀있다. 세 번째 단락은 국내경제에 대한 평가와 향후 성장 경로에 있어 고려해야 될 사항들이다. 네 번째 단락은 국내 물가에 대한 평가와 향후 물가 경로에 영향을 미칠 재료들이 나열되어 있다. 다섯 번째 단락은 금융/외환시장 동향이다. 마지막으로 여섯 번째 단락은 향후 통화정책 운용 방침과 더불어 정책결정에 있어 고려될 사항이 적혀있다.

모든 단락이 중요하지만 시장 참여자 입장에서 특히 집중해야 할 부분은 세 번째, 네 번째, 그리고 여섯 번째 단락이다. 세 번째 단락(국내경제)은 성장률에 대한 평가와 전망의 상향/하향 여부를 담고 있다. 네 번째 단락(물가)은 목표치 대비 물가의 현재 수준과 향후 경로에 대한 판단을 제공한다. 두 단락을 종합하면, 한국은행이 향후 정책 운용에서 무엇에 더 무게를 두고 있는지를 유추할 수 있다.

예를 들어 '소비 증가세 둔화', '설비투자조정 지속', '성장률 둔화' 등이 강조된다면 성장 둔화 우려가 정책의 중심에 있다는 뜻이고, 반대로 '물가가 목표 수준을 상회'하거나 '물가 오름세 확대'가 언급된다면 긴축 가능성이 높아진다.

마지막 단락은 한국은행의 정책 의사결정 프레임을 가장 명확하게 보여주는 파트다. '면밀히', '신중히', '충분히' 등 속도와 기간을 암시하는 표현들이 등장한다. '완화정도', '조정', '금융불균형', '물가목표 상회' 같은 핵심 개념어들에 집중할 필요가 있다. 이들은 단순한 수사의 수준을 넘어 정책결정에 실제 반영될 수 있는 선행지표적 문구로 기능하기 때문이다.

02 과거 주요 사례로 본 정책 전환기

문장 하나의 변화가 정책을 바꾼다

금리 인하 국면에서 통방문이 던진 신호들

통화정책은 단지 기준금리의 숫자로만 구성되지 않는다. 더 중요한 것은 그 결정이 앞으로 어떤 방향을 암시하고 있는지다. 그렇기 때문에 채권시장 참가자들은 단 한 줄의 표현, 한 단어의 강조 변화에도 촉각을 곤두세운다. 그중에서도 가장 직접적인 정책 신호는 바로 통화정책방향문(통방문)에서 나온다.

  이 장에서는 최근 금리 인하 사이클을 중심으로 통방문 문구가 어떻게 변화했고, 그 흐름이 정책 결정과 어떻게 맞물려 있었는지를 살펴보고자 한다. 특히 2024년 하반기 금리 인하 개시와 2019년의 보험성 인하 사례는 성장률 전망, 불확실성 언급, 물가 진단의 미묘한 변화가 어떻게 실제 인하로 이어졌는지를 보여주는 대표적인 사례다.

2024년 인하 사이클:
고금리 장기화의 종언

팬데믹 이후의 인플레이션 충격

전 세계는 2020년 팬데믹 이후 초저금리와 대규모 재정지출이라는 이례적인 조합을 경험하게 되었다. 그 결과 글로벌 경제는 40여 년 만에 강한 인플레이션 압력에 직면했다. 한국도 예외는 아니었다.

실제로 한국의 소비자물가 상승률은 2019년 9월 −0.4%(전년동기비)를 기록했던 데 비해, 불과 3년 만인 2022년 7월에는 6.3%로 치솟았다. 이는 외환위기 직후인 1998년 11월 이후 가장 높은 수준이었다. 이에 따라 한국은행은 긴급히 정책금리를 정상화할 필요에 직면했다.

2021년 8월, 한국은행은 0.50%였던 기준금리를 0.75%로 첫 인상하며 본격적인 긴축 사이클에 돌입했다. 이후 2023년 1월까지 약 1

한국의 헤드라인 소비자물가 YoY%

출처: Bloomberg, 한국은행

년 반 동안 3.50%까지 총 7차례에 걸친 인상이 단행되었다. 이로써 한국은행은 짧고 강하게 금리를 끌어올려 인플레이션 억제에 주력했다.

'Higher for longer'라는 고금리 시대

하지만 인상 종료 이후에도 한국은행은 20개월 동안 기준금리를 3.50% 수준에 고정시켰다. 이 시기는 채권시장 내에서 'High for longer', 즉 고금리 장기화로 불렸다.

　고금리 유지의 배경에는 여전히 높은 명목 물가, 그리고 미국 연준의 긴축 지속 등이 자리 잡고 있었다. 그러나 그 사이 한국의 건설업, 민간소비, 가계부채, 지방정부 재정 등 실물경제의 피로도는 점차 누

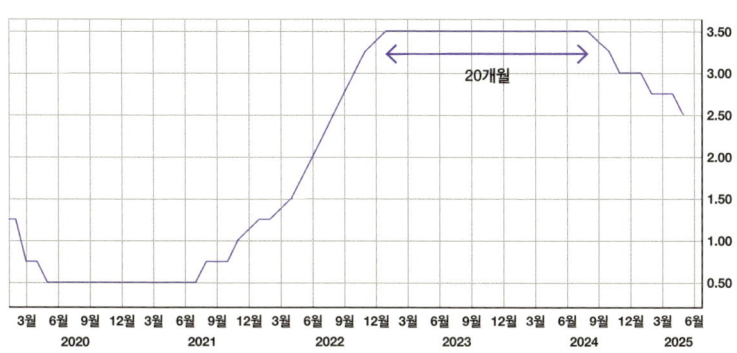

한국의 기준금리 추이

출처: Bloomberg

적되기 시작했다. 이에 따라 시장에서는 '언제쯤 한국은행이 고금리 기조를 끝내고 인하로 전환할지'에 대한 관심이 급속도로 높아졌다.

전환의 시작:
2024년 하반기 통방문의 변화

8월: '성장률 하향'과 '물가 둔화'가 동시에 언급되다

2024년 8월 금통위에서는 기준금리를 동결했지만, 통방문에 담긴 메시지는 분명히 바뀌기 시작했다.

성장률

한국은행은 이날 발표한 수정경제전망에서 2024년 성장률을 2.5% → 2.4%로 소폭 하향 조정했다. 언뜻 보면 경미한 변화처럼 보이지만, 앞선 5월에는 2.1%에서 2.5%로 대폭 상향 조정했던 터라, 이번 조정은 '모멘텀 약화'로 해석될 수 있었다.

통방문 ④단락(물가)

"기조적인 둔화 흐름을 지속했다"는 문구가 처음 등장했다. 이는 단순한 일시적 하락이 아니라 구조적 하향 안정 흐름이 형성되고 있음을 뜻했다. 이처럼 성장 전망의 하향과 물가 흐름의 안정화가 동시에 언급되면서, 인하의 문턱은 확실히 낮아지고 있었다.

> **2024년 8월 통화정책방향문**
>
> ▢ 국내경제는 수출 호조가 이어졌지만 소비가 예상보다 더디게 회복되면서 부문간 차별화는 지속되었다. 고용은 취업자수 증가세가 이어지는 등 전반적으로 양호한 상황이다. 앞으로 국내경제는 수출 증가세가 지속되는 가운데 소비도 점차 회복되면서 완만한 성장세를 이어갈 것으로 예상된다. 금년 성장률은 1/4분기 중 큰 폭 성장에 일시적 요인의 영향이 예상보다 컸던 점을 반영하여 지난 5월 전망치(2.5%)보다 소폭 낮은 2.4%로 전망하였으며, 내년은 지난 전망치 2.1%를 유지하였다. 향후 성장경로는 소비 회복세, IT경기 확장 속도, 주요국의 경기 흐름 등에 영향받을 것으로 보인다.
>
> ▢ 국내 물가는 기조적인 둔화 흐름을 지속하였다. 7월중 소비자물가 상승률이 석유류 가격 상승폭 확대 등으로 2.6%로 높아졌으나 근원물가 상승률(식료품 및 에너지 제외 지수)은 2.2% 수준을 유지하였고, 단기 기대인플레이션율은 2%대 후반으로 낮아졌다. 앞으로도 국내 물가 상승률은 지난해 급등한 국제유가·농산물가격의 기저효과, 낮은 수요압력 등으로 둔화 추세를 이어갈 것으로 예상된다. 소비자물가 상승률은 당분간 2%대 초반에서 등락할 것으로 보이며, 금년 연간 상승률은 지난 5월 전망치(2.6%)를 소폭 하회하는 2.5%로, 내년은 지난 전망에 부합하는 2.1%로 예상된다. 근원물가 상승률은 금년 및 내년 모두 지난 5월 전망치와 같은 2.2% 및 2.0%로 예상된다. 향후 물가경로는 국제유가 및 환율 움직임, 농산물가격 추이, 공공요금 조정 등에 영향받을 것으로 보인다.

10월: 인하 개시와 성장 우려 강조

10월 통방문에서는 마침내 기준금리를 3.25%로 25bp 인하하며, 한국은행은 인하 사이클의 시작을 공식화했다. 성장률 언급 강화 "전망의 불확실성이 커진 것으로 판단된다"는 표현이 ③단락에 추가되었다. 이는 단순한 전망 하향이 아닌, 위험 요인의 확대를 의미하는 표현이었다.

물가

반면 ④단락에서는 "중기적인 관점에서도 기존 전망과 큰 차이 없음"이라며 물가가 안정적 수준에서 관리되고 있음을 강조했다. 즉, 성장에 대한 우려가 물가보다 더 정책 판단에 영향을 주고 있었음을 시사한 것이다.

2024년 10월 통화정책방향문

□ 국내경제는 수출 증가세가 이어졌지만 내수 회복세는 아직 더딘 모습이다. 고용은 취업자수 증가세가 점차 둔화되고 있지만 실업률은 낮은 수준을 지속하였다. 앞으로 국내경제는 완만한 성장세를 이어가겠지만 내수 회복 지연 등으로 지난 8월에 비해 전망(금년 2.4%, 내년 2.1%)의 불확실성이 커진 것으로 판단된다. 향후 성장경로는 내수 회복 속도, 주요국 경기 및 IT 수출 흐름 등에 영향받을 것으로 보인다.

□ 국내 물가 상승률은 안정세가 뚜렷해졌다.

11월: 불확실성 고조, 추가 인하와 전망 조정

11월 금통위에서는 기준금리를 3.00%로 추가 인하했다. 그리고 성장률 전망을 2024년 2.2%, 2025년 1.9%로 한 차례 더 하향 조정했다. 통방문에서는 "여전히 불확실성이 높은 상황"이라는 문구가 명시

2024년 11월 통화정책방향문

□ 국내경제는 내수 회복세가 완만한 가운데 수출 증가세가 둔화되면서 성장 흐름이 약화되었다. 고용은 실업률이 낮은 수준을 보이고 있지만 취업자수 증가규모는 점차 둔화되는 모습이다. 앞으로도 국내경제는 소비가 완만한 회복세를 이어가겠으나 수출 증가세는 주력 업종에서의 경쟁 심화, 보호무역주의 강화 등으로 당초 예상보다 낮아질 것으로 보인다. 이에 따라 금년 및 내년 성장률이 각각 지난 8월 전망치(2.4% 및 2.1%)를 하회하는 2.2% 및 1.9%를 나타낼 것으로 예상된다. 다만 이러한 성장경로에는 통상환경 변화 및 IT 수출 흐름, 내수 회복 속도 등과 관련한 불확실성이 높은 상황이다.

됐고, 향후 전망도 "추가로 하향 조정될 가능성이 있다"고 열어두었다. 이는 인하 사이클이 단회성으로 끝나지 않고, 연속적 인하 가능성을 높인 표현이었다.

보험성 인하의 대표 사례 :
2019년 금리 인하 국면

2024년과 비슷한 패턴은 2019년에도 목격된 바 있다. 당시 글로벌 경제는 트럼프 행정부와 중국 간의 무역분쟁으로 급속히 경색되고 있었다. 한국은 수출 의존도가 높은 구조였기 때문에 무역전쟁의 2차 충격에 매우 민감했다.

5월 통방문: '불확실성 증가' 첫 명시

2019년 5월 금통위는 금리를 동결했지만, 통방문 ③단락에서 "미·중

2019년 5월 금통위 통방문 주요 내용

□ 국내경제는 설비 및 건설투자의 조정이 지속되고 수출이 부진한 모습을 보였으나 소비가 완만한 증가세를 이어가면서 1/4분기의 부진에서 다소 회복되는 움직임을 나타내었다. 고용 면에서는 취업자수 증가규모가 줄어들고 실업률이 높아졌다. 앞으로 국내경제의 성장흐름은 건설투자 조정이 지속되겠으나 소비가 증가 흐름을 이어가고 수출과 설비투자도 하반기에는 점차 회복될 것으로 전망되는 등 지난 4월 전망경로에서 크게 벗어나지 않을 것으로 예상된다. 다만 미·중 무역분쟁 심화 등으로 전망경로의 불확실성은 높아진 것으로 판단된다.

무역분쟁 심화로 전망경로의 불확실성이 높아진 것으로 판단된다"는 표현을 새롭게 삽입했다. 이 문장은 단순한 경기 둔화보다 정책 불확실성 확대를 강조한 점에서 주목할 만했다. 이 문구는 7월 금통위에서의 첫 보험성 인하(△25bp)로 연결되었다.

8월 통방문: 불확실성 '격상'

이후 8월 통방문에서는 그 표현이 다시 한 단계 강화된다. "성장 전망경로의 불확실성이 한층 더 커진 것으로 판단된다." 이처럼 수식어를 통한 레벨 격상은 시장에서 '10월 추가 인하' 기대를 키우는 촉매가 되었다.

2019년 8월 금통위 통방문 주요 내용

☐ 국내경제는 건설투자 조정과 수출 및 설비투자 부진이 지속된 가운데 소비 증가세가 약화되면서 성장세 둔화 흐름을 이어간 것으로 판단된다. 고용 상황은 취업자수 증가폭이 확대되는 등 일부 개선되는 모습을 보였다. 앞으로 국내경제는 미·중 무역분쟁 심화, 지정학적 리스크 증대 등으로 <u>성장 전망경로의 불확실성이 한층 커진 것으로 판단</u>된다.

☐ 금융통화위원회는 앞으로 성장세 회복이 이어지고 중기적 시계에서 물가 상승률이 목표수준에서 안정될 수 있도록 하는 한편 금융안정에 유의하여 통화정책을 운용해 나갈 것이다. 국내경제의 성장세가 완만할 것으로 예상되는 가운데 수요 측면에서의 물가상승압력이 낮은 수준에 머무를 것으로 전망되므로 통화정책의 완화기조를 유지해 나갈 것이다. 이 과정에서 향후 거시경제와 금융안정 상황의 변화를 면밀히 점검하면서 완화 정도의 조정 여부를 판단해 나갈 것이다. 아울러 미·중 무역분쟁, 주요국의 경기와 통화정책 변화, 가계부채 증가세, 지정학적 리스크 등도 주의 깊게 살펴볼 것이다.

10월: 두 번째 보험성 인하 단행

예상대로 10월 금통위는 기준금리를 1.25%로 한 차례 더 인하했다. 다만 통방문 ⑥단락에서는 "두 차례 인하 효과를 지켜보면서 완화정도의 조정 여부를 판단해 나갈 것"이라는 문구를 새롭게 추가했다. 이는 정책 기조가 일시적 관망 단계에 들어갔음을 의미하는, Pause 신호였다. 즉, 당장 추가 인하보다 동결 기조를 통해 이미 낮춘 금리의 파급효과를 지켜보겠다는 의미로 해석할 필요가 있었던 것이다. 물론 다음 추가 금리 인하 시점은 이듬해 3월이었지만 코로나19가 발생하지 않았다면 추가 인하 시점은 더 지연됐을 가능성 또한 배제할 수 없었다.

2019년 10월 금통위 통방문 주요 내용

□ 국내경제는 건설투자 조정과 수출 및 설비투자 부진이 지속된 가운데 소비 증가세가 약화되면서 성장세 둔화 흐름을 이어간 것으로 판단된다. 고용 상황은 취업자수 증가폭이 확대되는 등 일부 개선되는 모습을 보였다. 앞으로 국내경제는 미·중 무역분쟁 지속, 지정학적 리스크 증대 등으로 <u>지난 7월의 성장 전망경로를 하회할 것으로</u> 예상된다.

□ 금융통화위원회는 앞으로 성장세 회복이 이어지고 중기적 시계에서 물가 상승률이 목표수준에서 안정될 수 있도록 하는 한편 금융안정에 유의하여 통화정책을 운용해 나갈 것이다. 국내경제의 성장세가 완만할 것으로 예상되는 가운데 수요 측면에서의 물가상승압력이 낮은 수준에 머무를 것으로 전망되므로 통화정책의 완화기조를 유지해 나갈 것이다. 이 과정에서 향후 거시경제와 금융안정 상황의 변화, 두 차례 기준금리 인하의 효과를 지켜보면서 완화정도의 조정 여부를 판단해 나갈 것이다. 아울러 미·중 무역분쟁, 주요국의 경기와 통화정책 변화, 가계부채 증가세, 지정학적 리스크 등도 주의 깊게 살펴볼 것이다.

요약:
전환기, 통방문은 시장보다 한 발 앞서 있다
—

이처럼 2019년과 2024년, 두 인하 사이클 모두에서 공통적으로 나타난 점은 다음과 같다.

성장률 전망의 하향이 선행되고, 그와 동시에 '불확실성'에 대한 언급이 강화되며, 물가 안정에 대한 자신감이 표현될 경우 통상 1~2회의 관망 후, 인하 사이클이 시작된다는 것이다.

통방문에서 등장하는 표현의 '추가', '격상', '삭제'는 단순한 문장의 변주가 아니다. 그것은 한국은행 내부의 컨센서스 변화와 리스크 인식의 전환을 반영하는 직접적인 시그널이다. 따라서 실전 투자자 혹은 정책 분석가는 회의 결과 발표 즉시 통방문의 변화된 표현을 직전 회차와 '한 줄 단위'로 비교(diff reading)해야 하며, 특히 ③·④·⑥단락에서의 어휘 변화에 주목해야 한다. 이 작업을 습관화한 참여자만이 정책 선행 신호를 읽고, 금리·커브·포지션에서 우위를 선점할 수 있을 것이다.

긴축 전환기의 통방문 신호:
2017년 금리 인상 개시 사례 분석

'완화정도의 조정 여부'라는 문구가 등장한 날

통화정책의 긴축 전환은 대개 완화 국면에 비해 더 신중하고 점진적인 방식으로 진행된다. 성장률과 물가 상승률이 회복되더라도, 중앙은행은 급하게 방향을 바꾸지 않는다. 이는 그동안의 완화가 금융시장과 실물경제에 끼친 영향을 완전히 흡수했는지, 그리고 정책금리의 정상화가 추가적인 충격 없이 가능한지를 두루 고려하기 때문이다.

그렇기 때문에 금리 인상 전환기의 통방문은 완화기와는 다른 문법으로 접근해야 한다. 특히 기존의 '완화 기조를 유지한다'는 표현이 어떻게 '완화 정도를 조정할 수 있다'는 방향으로 진화하는지를 관찰하는 것이 중요하다. 이와 관련해 2017년 11월은 상징적인 시점이었다. 한국은행이 2011년 6월 이후 약 6년 5개월 만에 기준금리를 인상한 회의였기 때문이다. 그 시점까지 한국은 장기간에 걸쳐 금리 인하와 동결 국면을 유지하고 있었고, 시장에서는 언제쯤 인상으로 전환할지가 주요 관심사였다.

배경: 7년 만의 금리 인상을 앞둔 정세

2012년 7월부터 2016년 6월까지, 한국은행은 연속적으로 기준금리 인하 사이클을 이어갔다. 당시 한국의 최종금리는 1.25%였고, 이후 2016년 하반기부터 2017년 가을까지 1년 4개월간 동결 기조를 유지했다. 하지만 글로벌 경기 회복, 주요국의 통화정책 정상화 기대, 국내 경기의 회복세 확산과 같은 요인이 겹치며 한국은행도 점차 긴축 전환을 고민하기 시작했다. 이 시기부터 통방문의 문구도 조금씩, 그러나 분명히 달라지기 시작했다.

2017년 10월 통방문: 인상 전 마지막 '관망형 통방문'

먼저 2017년 10월 회의에서 한국은행은 기준금리를 1.25%로 유지했지만, 통방문의 ③단락과 ⑥단락에서 그다음 행보를 예측할 실마리를 제공했다.

2017년 10월 통화정책방향문

> □ 국내경제는 수출과 설비투자가 높은 증가세를 지속하고 소비도 완만하게 확대되면서 견실한 성장세를 이어간 것으로 판단된다. 고용 상황은 일시적 요인으로 취업자수 증가폭이 다소 둔화되었으나 완만한 개선세를 지속하고 있는 것으로 보인다. 앞으로 국내경제는 견실한 성장세를 이어갈 것으로 전망된다. GDP 성장률은 금년에는 7월 전망치(2.8%)를 상회하고 내년에도 잠재성장률 수준을 나타낼 것으로 예상된다. 수출이 세계경제의 회복세 지속 등에 힘입어 양호한 흐름을 이어가고, 내수도 재정지출 확대 등으로 완만하게 회복될 것으로 보인다.
>
> □ 금융통화위원회는 앞으로 성장세 회복이 이어지고 중기적 시계에서 물가 상승률이 목표수준에서 안정될 수 있도록 하는 한편 금융안정에 유의하여 통화정책을 운용해 나갈 것이다. 국내경제가 견실한 성장세를 지속하는 가운데 당분간 수요 측면에서의 물가상승압력은 크지 않을 것으로 전망되므로 <u>통화정책의 완화기조를 유지해 나가되</u> 향후 성장과 물가의 흐름을 면밀히 점검해 나갈 것이다.

③단락(국내경제 평가)

"올해 중 GDP 성장률은 7월 전망치를 상회할 것으로 예상된다." 이 문장은 한국은행이 당초 생각했던 것보다 국내 경기 회복이 빠르게 진행되고 있다는 인식을 보여준다. 경기 펀더멘털에 대한 판단이 상향 조정되고 있는 것이다.

⑥ 단락(정책 방향 가이던스)

"통화정책의 완화기조는 유지해 나갈 것이다." 표면적으로는 여전히 완화 기조 유지를 강조한 것이지만, 앞선 경기 평가와 연결해 보면 '유지'라는 표현이 얼마나 더 지속될 수 있을지에 대한 의문이 시장 내에서 고개를 들게 했다. 특히 이전 통방문들과 비교해 보았을 때, 물가에 대한 우려가 약화되고 경기 회복이 부각되며 정책 모멘텀의 이동이 시작되고 있었던 시점이었다.

2017년 11월 통화정책방향문

> ☐ 국내경제는 수출이 높은 증가세를 지속하는 가운데 소비가 완만하게 개선되고 투자도 양호한 흐름을 보이면서 견실한 성장세를 이어간 것으로 판단된다. 고용 상황은 서비스업을 중심으로 취업자수 증가폭이 둔화되는 등 개선세가 다소 주춤하고 있는 것으로 보인다. 앞으로 국내경제의 성장흐름은 소비, 설비투자 등 내수가 완만한 개선세를 이어가고 수출도 글로벌 경기회복세 확대, 대중 교역여건 개선 등으로 호조를 지속하면서 <u>지난 10월 전망경로를 소폭 상회할 것으로 예상된다.</u>
>
> ☐ 금융통화위원회는 앞으로 성장세 회복이 이어지고 중기적 시계에서 물가 상승률이 목표수준에서 안정될 수 있도록 하는 한편 금융안정에 유의하여 통화정책을 운용해 나갈 것이다. 국내경제가 견실한 성장세를 지속하는 가운데 당분간 수요 측면에서의 물가상승압력은 크지 않을 것으로 전망되므로 통화정책의 완화기조를 유지해 나갈 것이다. 이 과정에서 향후 성장과 물가의 흐름을 면밀히 점검하면서 <u>완화정도의 추가 조정 여부를 신중히 판단해 나갈 것이다.</u> 아울러 주요국 중앙은행의 통화정책 변화, 주요국과의 교역여건, 가계부채 증가세, 지정학적 리스크 등도 주의 깊게 살펴볼 것이다.

2017년 11월 통방문: 단어 하나가 정책을 바꾼다

11월 통방문은 달랐다. 이 회의에서 한국은행은 실제로 기준금리를 1.25% → 1.50%로 인상했다. 더 흥미로운 것은 통방문이 보여준 어휘의 변화였다.

③단락(국내경제 평가)

"올해 GDP 성장률은 10월 전망보다도 더 높을 것으로 예상된다." 단순한 상회가 아니라, 직전 회의에서 제시했던 상향 전망을 다시 상향 조정하는 흐름이다. 이는 한국은행 내부에서 경기에 대한 확신이 강화되고 있음을 보여주는 대표적 표현이다.

⑥단락(정책 방향 가이던스)

"앞으로는 경제 성장과 물가 흐름, 금융안정 상황 등을 고려하여 완화정도의 추가 조정 여부를 신중히 판단해 나갈 것이다." 이 문장은 당시 통방문에서 처음으로 등장한 표현으로, 금리 인상 가능성을 공식적으로 언급한 첫 사례였다. '조정'이라는 단어는 기존의 정책기조를 바꾸겠다는 신호이며, 여기에 '완화 정도'라는 표현이 결합되면서 긴축 전환의 명확한 메시지를 전달했다. 또한 '신중히 판단'이라는 수식어는 급격한 인상은 아니라는 점을 부연하는 장치였지만, 방향성 자체는 더 이상 논쟁의 여지가 없었다. 이 문장 하나로 시장은 인상 사이클의 개시를 공식적으로 확인한 셈이었다.

초저금리 탈출의 신호:
2021년 금리 인상 개시 사례

'완화 정도의 조정 여부'가 다시 돌아온 순간

통화정책의 전환은 언제나 시장의 관심사다. 그 방향이 '완화에서 긴축'으로 바뀌는 시점에는 더욱 그렇다. 특히 코로나19 팬데믹이라는 전례 없는 충격 이후, 전 세계 중앙은행들은 기준금리를 사상 최저 수준으로 낮춘 채 유동성 확대에 나섰다. 하지만 경제가 빠르게 회복세에 접어들고, 그 과정에서 자산 가격 상승과 부채 증가 같은 부작용이 누적되자, 정책 정상화 필요성이 점차 제기되기 시작했다.

한국은행이 이러한 변화에 처음으로 반응한 시점은 2021년 하반기였다. 당시 시장에서는 코로나19가 아직 진정되지 않았기 때문에 금리 인상이 조기에 단행되리라고 예상하지 못한 경우가 많았다. 하지만 통방문의 단어는 이미 방향을 바꾸고 있었다. 2017년 사례와 마찬가지로, 성장률 상향 평가 → 금융불균형 경고 → "완화 정도 조정" 언급이라는 정형적인 패턴이 반복되었다.

2021년 5월 통방문: 바닥에서의 첫 신호

2021년 5월 금통위는 기준금리를 역대 최저 수준인 0.50%에서 동결했다. 이는 2020년 5월 △25bp 인하 이후 1년 가까이 유지되던 초저금리 기조의 연장선이었다. 하지만 이 회의에서 발표된 통방문 문구는 이전과는 분명히 달라져 있었다.

2021년 5월 통화정책방향문

> ☐ 국내경제는 회복세가 확대되었다. 수출이 호조를 지속하고 설비투자가 견조한 회복세를 이어갔으며, 민간소비도 부진에서 점차 벗어나는 모습을 나타내었다. 고용 상황은 취업자수 증가폭이 확대되는 등 개선 움직임을 이어갔다. 앞으로 국내경제는 수출과 투자 호조, 민간소비 개선 등에 힘입어 회복세가 강화될 것으로 보인다. 금년중 GDP성장률은 <u>지난 2월 전망치(3.0%)를 큰 폭 상회하는</u> 4% 내외 수준으로 예상된다.
>
> ☐ 금융통화위원회는 앞으로 성장세 회복을 지원하고 중기적 시계에서 물가 상승률이 목표수준에서 안정될 수 있도록 하는 한편 금융안정에 유의하여 통화정책을 운용해 나갈 것이다. 국내경제의 회복세가 강화되고 물가가 당분간 높은 오름세를 이어갈 것으로 보이나, 코로나19 전개와 관련한 불확실성이 잠재해 있고 수요측면의 물가상승압력이 크지 않을 것으로 전망되므로 통화정책의 완화기조를 유지해 나갈 것이다. 이 과정에서 코로나19의 전개 및 주요국의 경기 상황 등을 점검하는 한편, 자산시장으로의 자금쏠림, 가계부채 증가 등 <u>금융불균형 누적에 보다 유의할 것이다</u>.

③단락(국내경제 평가)

"올해 중 GDP 성장률은 2월 전망치를 큰 폭으로 상회할 것으로 예상된다." 이는 한국은행이 성장 회복 속도를 과소평가했음을 시인하는 대목이다. 당시 2월 수정경제전망에서는 2021년 성장률을 3.0%로 보았지만, 5월 전망에서는 이를 4.0%로 상향 조정했다. 단순히 성장률 수치만이 아니라, 그 조정의 폭이 '큰 폭'이라는 점이 중요했다. 이는 단계적 정상화의 준비 작업이 시작됐음을 암시하는 것이었다.

⑥단락(정책 방향 가이던스)

"가계부채 증가 등 금융불균형의 누적 가능성에 유의할 필요가 있다."
이 문장은 금리 인상 사이클의 초기 단계에서 자주 등장하는 '정당화 장치'다. 팬데믹 이후 급증한 주택가격과 신용대출, 가계부채 규모가 더 이상 방치할 수 없는 수준에 이르렀음을 나타내며, 한국은행이 단순히 경기만이 아니라 금융안정 측면에서도 금리 정상화의 필요성을 제기하기 시작했음을 보여준다.

2021년 7월 통방문: 문구 하나가 흐름을 바꾸다

2021년 7월 금통위에서도 금리는 동결되었지만, 통방문은 사실상 긴축 전환을 공식화한 회의였다.

2021년 7월 통화정책방향문

□ 금융통화위원회는 앞으로 성장세 회복이 이어지고 중기적 시계에서 물가 상승률이 목표수준에서 안정될 수 있도록 하는 한편 금융안정에 유의하여 통화정책을 운용해 나갈 것이다. 국내경제가 회복세를 지속하고 물가가 당분간 높은 오름세를 이어갈 것으로 보이나, 코로나19 확산과 관련한 불확실성이 잠재해 있으므로 통화정책의 완화기조를 유지해 나갈 것이다. 이 과정에서 코로나19의 전개 상황 및 성장·물가 흐름의 변화, 금융불균형 누적 위험 등을 면밀히 점검하면서 <u>완화 정도의 조정 여부를 판단해 나갈 것이다</u>

⑥단락에서 새롭게 삽입된 문구

"코로나19 전개 상황 및 금융불균형 누적 위험을 면밀히 점검하면서, 완화 정도의 조정 여부를 판단해 나갈 것이다." 이 문장은 두 가지 면에서 결정적이었다.

'완화 정도의 조정 여부'라는 문구가 처음 등장했다는 점. 이는 2017년 11월 금통위에서 인상 직전에 등장했던 표현과 동일하며, 정책금리를 조정할 준비가 되어 있음을 명문화한 표현이다.

'면밀히 점검하면서'라는 수식어는 속도에 대한 유연성을 담고 있지만, 방향성 자체는 명확히 제시한다. 즉, 당장 인상하지 않더라도 기조 전환이 임박했음을 강하게 시사한 것이다.

또한, 코로나19에 대한 언급도 단지 불확실성 요인으로 치부하지 않고, 금융불균형과의 균형 하에 판단하겠다는 점을 강조한 것은 정책 판단의 축이 '경기 → 금융 안정'으로 이동했음을 의미하는 신호였다.

2021년 8월 금통위: 25bp 인상으로 긴축 사이클 개시

결국 다음 회의인 2021년 8월 금통위에서 한국은행은 기준금리를 0.75%로 25bp 인상하며 2020년 팬데믹 이후 처음으로 긴축 사이클에 돌입했다. 이는 이례적으로 빠른 전환이었다. 7월 통방문에서 '완화 정도 조정' 문구가 처음 삽입된 지 단 한 차례 회의 만에 실제 인상으로 이어진 것이었기 때문이다.

당시 금융시장에서는 '8월 인상은 이르다'는 시각도 있었지만, 한국은행은 경기 회복과 금융 불균형 심화를 동시에 고려해 정책적 명분과 타이밍을 조율한 결과로 첫 걸음을 내디뎠다.

마무리:
긴축 전환기의 통방문, 어떻게 읽어야 하는가?
―

인하 사이클이 '불확실성'과 '둔화'라는 표현의 단계적 격상으로 진행된다면, 인상 사이클은 '완화 정도'와 '조정 여부'라는 구체적 정책 논의의 등장으로 시작된다. 2017년 11월의 사례는 이를 가장 잘 보여주는 장면이었다. 통방문은 단순한 발표문이 아니라, 한국은행 내부의 인식 변화와 정책 판단의 논리 구조를 압축한 공식 스크립트다. 따라서 긴축 전환기에는 다음의 세 가지 포인트를 반드시 점검해야 한다

- '완화 정도', '조정'이라는 단어가 처음 등장했는가?
- 성장률 평가가 직전 회의보다 상향되었는가?
- '신중히 판단' 등 속도를 암시하는 표현이 등장했는가?

이 세 가지 요건이 충족되면, 실제 금리 인상이 이루어지기까지의 시차는 평균 1~2회의 회의에 불과하다. 통방문이 바뀌는 순간, 이미 정책은 방향을 틀기 시작한 것이다. 2017년과 2021년 두 시기 모두 금리 인상의 직접적 촉발 요인은 다르지만, 통방문의 문법과 문장 구조는 거의 일치했다. 즉 '완화 정도', '조정 여부', '면밀히 판단'이라는 조합은 한국은행이 긴축을 공식화하는 대표적인 표현 패턴으로 자리 잡고 있다는 점을 확인할 수 있다.

2017년, 2021년 인상 사이클

구분	2017년 인상 사이클	2021년 인상 사이클
성장률 평가	"전망 상회" → "10월 전망보다 높음"	"2월 전망을 큰 폭 상회"
위험 요인	"경기 회복 + 물가 반등"	"금융불균형 누적 위험"
전환 문구	"완화 정도의 조정 여부 판단" (11월 첫 등장)	"완화 정도의 조정 여부 판단" (7월 첫 등장)
정책 실행	문구 삽입 후 1개월 만에 인상	문구 삽입 후 1개월 만에 인상

03 '소수의견'이라는 경고등

정책 전환의 전조

통화정책 결정은 때로 분명하지 않다. 물가가 완연히 오르거나 성장률이 가파르게 하락할 때는 정책 방향도 비교적 명확해진다. 그러나 그 경계에 있을 때, 중앙은행의 고민은 깊어진다. 그런 불확실한 환경에서 시장이 주목하는 단서 중 하나가 바로 '소수의견minority opinion'의 존재다.

소수의견은 단순한 의견 차이를 넘어, 통화정책의 방향 전환 가능성을 미리 암시하는 실질적 신호로 기능한다. 특히 금리 결정이 만장일치로 이뤄지지 않고, 한두 명의 위원이 다른 견해를 내는 경우, 시장은 이를 단순한 반대 의견이 아닌 '예고된 변화의 전조'로 받아들인다. 실제로 데이터 역시 소수의견이 향후 정책 결정에 상당한 예측력을 지니고 있음을 보여준다.

한국은행 금통위의 구성:
합의보다는 표결
―

한국은행 금융통화위원회는 총 7인 체제로 운영된다. 총재 1명과 부총재 1명은 당연직이며, 나머지 5명은 추천기관의 추천을 받아 대통령이 임명한다. 추천기관은 다음과 같다.

- 한국은행 총재
- 금융위원회 위원장
- 기획재정부 장관
- 전국은행연합회 회장
- 대한상공회의소 회장

이처럼 다양한 이해관계를 반영한 인사 구조는 정책결정의 다원성과 균형성을 의도한 것이다. 따라서 회의 결과가 항상 만장일치일 수는 없다. 실제로 다수결로 결론은 도출되지만, 소수의견이 함께 공개되면 시장은 그에 주목하게 된다. 단, 총재는 의장으로서의 역할만을 수행하며, 통상적으로 동률(3:3)일 경우에만 캐스팅보트를 행사한다. 이 때문에 총재의 입장이 명시되지 않는 이상, 구체적인 표결 내역은 공식 발표문이나 의사록을 통해서만 확인할 수 있다.

소수의견이 왜 중요한가?

소수의견이 중요한 이유는 간단하다. 현재 통화정책 결정과는 다른 방향을 선호하는 위원이 존재한다는 것 자체가, 향후 정책 변화 가능성을 높인다는 뜻이기 때문이다. 가령 금리가 동결되었지만 인하를 주장한 위원이 존재할 경우, 이는 다음 회의에서 실제로 금리 인하가 이뤄질 수 있음을 미리 시사한다. 반대로, 금리 인상기 중 동결 결정에서 인상 소수의견이 등장한다면, 그 시점이 인상 사이클 재개를 암시하는 분기점이 될 수 있다. 시장에서는 특히 '반대 의견의 방향'에 민감하게 반응한다.

- 인하 소수의견 → 금리 인하의 전조
- 인상 소수의견 → 긴축 강화의 예고
- 동결 소수의견 → 기조 유지 또는 유보적 판단

이제부터는 실제 통계와 사례를 바탕으로 소수의견이 정책 결정 및 시장금리에 어떤 영향을 주었는지를 자세히 살펴보자.

인하 소수의견:
정책 전환의 가장 강한 힌트

빈도와 방향성

2000년 이후 금리 인하 소수의견은 총 28차례 등장했다. 이 중에서 실제로 금리 인하가 단행된 사례는 21회(75%)에 달한다. 특히 주목할 점은 소수의견 직후 다음 회의에서 인하가 단행된 경우가 13회(46%), 즉 절반에 가까운 확률을 기록했다는 사실이다. 이 수치는 인하 소수의견이 단순한 반대가 아닌 '사전 예고된 변화'일 가능성이 크다는 점을 보여준다.

국고채 3년물 반응

통화정책 변화는 가장 민감한 단기물에 즉시 반영된다. 그중에서도 국고채 3년물 금리는 한국의 금리 선도지표 역할을 해왔다. 전형적인 인하 소수의견의 경우, 다음 금통위까지 3년물 금리는 평균 4bp 하락에 그쳤다. 이는 이미 시장이 일정 부분 선반영하고 있었던 것으로 해석된다.

그러나 주목할 만한 예외도 존재한다. 예를 들어 25bp 인하를 단행했음에도 일부 위원이 50bp 인하를 주장한 경우, 즉 '인하 소수의견이 더 큰 폭의 인하를 요구한 상황'에서는 3년물 금리가 평균 35bp나 하락하며 시장이 이를 강하게 반영했다. 이처럼 단순한 인하 반대 의견이 아닌, 인하 강도의 차이에 대한 소수의견은 시장에 훨씬 큰 영

인하 소수의견 사례 정리

금통위 당일	다음 금통위	금리	금리 방향에 대한 소수의견	소수의견 개진 (명)	다음 금통위 인하	인상/인하기	3년물 변화량
2002-08-06	2002-09-12	동결	인하(김태동)	1	X	인상기	21
2003-02-06	2003-03-06	동결	인하(김태동)	1	X	인상기	-16
2003-03-06	2003-04-10	동결	인하(김태동)	1	X	인상기	2
2003-04-10	2003-05-13	동결	인하(김태동)	1	O	인상기	-34
2003-06-12	2003-07-10	동결	인하(김태동, 최운열)	2	O	인하기	29
2004-10-07	2004-11-11	동결	인하(김종창, 이덕훈)	2	O	인하기	-9
2008-04-10	2008-05-08	동결	인하(강문수, 박봉흠)	2	X	인상기	19
2008-05-08	2008-06-12	동결	인하(최도성, 강명헌)	2	X	인상기	76
2008-11-07	2008-12-11	인하	인하(강명헌)	1	O	인하기	-54
2009-03-12	2009-04-09	동결	인하(강명헌)	1	X	인하기	19
2009-04-09	2009-05-12	동결	인하(강명헌)	1	X	인하기	-6
2013-01-11	2013-02-14	동결	인하(하성근)	1	X	인하기	3
2013-02-14	2013-03-14	동결	인하(하성근)	1	X	인하기	-11
2013-03-14	2013-04-11	동결	인하(하성근)	1	X	인하기	2
2013-04-11	2013-05-09	동결	인하(하성근, 정해방, 정순원)	3	O	인하기	7
2014-07-10	2014-08-14	동결	인하(정해방)	1	O	인하기	-7
2014-09-12	2014-10-15	동결	인하(정해방)	1	O	인하기	-21
2015-04-09	2015-05-15	동결	인하(하성근)	1	X	인하기	15
2015-05-15	2015-06-11	동결	인하(하성근)	1	O	인하기	-6
2016-02-16	2016-03-10	동결	인하(하성근)	1	X	인하기	2
2016-03-10	2016-04-19	동결	인하(하성근)	1	X	인하기	3
2016-04-19	2016-05-13	동결	인하(하성근)	1	X	인하기	-6
2019-05-31	2019-07-18	동결	인하(조동철)	1	O	인상기	-28
2019-08-30	2019-10-16	동결	인하(조동철, 신인석)	2	O	인하기	15
2019-11-29	2020-02-27	동결	인하(신인석)	1	X	인하기	-24
2020-02-27	2020-03-16	동결	인하(조동철, 신인석)	2	O	인하기	-4
2020-03-16	2020-04-09	인하	인하(임지원)	1	X	인하기	-16
2020-04-09	2020-05-28	동결	인하(조동철, 신인석)	2	O	인하기	-21

전체평균	-1.8
인하기	-4.3
인상기	5.7
인하기 + 금리 동결 + 인하 소수의견 (전체)	-1.0
인하기 + 금리 동결 + 인하 소수의견 (1인)	-2.9
인하기 + 금리 동결 + 인하 소수의견 (2인 이상)	3.0
인하기 + 금리 인하 + 인하 소수의견	-35.2

출처: 인포맥스, 하나증권

향을 미친다.

인상 소수의견:
방향보다 '맥락'이 중요

빈도와 예측력

2000년 이후 인상 소수의견은 총 20차례 등장했다. 그중에서 실제로 금리 인상기가 진행 중이던 회차는 13회(65%), 인하기에 등장한 경우는 7회(35%)였다. 흥미로운 점은 인상 소수의견 등장 이후 바로 다음 회의에서 인상이 단행된 사례가 10회(50%)에 달한다는 것이다. 이는 인하 소수의견(46%)보다 조금 더 높은 확률이다.

시장 반응: 방향성보다 국면에 따른 해석 필요

금리 인상기 중 인상 소수의견이 등장한 경우, 국고채 3년물 금리는 오히려 평균 14bp 하락했다. 이는 시장이 금리 인상 자체는 이미 선반영했으며, 소수의견이 더 빠른 인상을 요구하는 것에 대해서는 경계심이 약했다는 뜻이다. 반면, 금리 인하기에 인상 소수의견이 등장한 경우, 3년물 금리는 다음 회의까지 평균 24bp 상승했다. 이 경우는 시장이 기조 전환 가능성을 민감하게 반응한 것이다.

더 깊이 들여다보면, 인상기 소수의견이 금리 동결 결정과 함께 등장한 사례가 13회 중 12회에 달한다. 이때 3년물 금리는 평균 10bp

인상 소수의견 사례 정리

금통위 전일	금통위 다음	금리	금리 방향에 대한 소수의견	소수의견 개진 (명)	다음 금통위 인상	인상/인하기	3년물 변화량
2003-10-09	2003-11-06	동결	인상(최운열)	1	X	인하기	56
2003-11-06	2003-12-11	동결	인상(최운열)	1	X	인하기	14
2005-07-07	2005-08-11	동결	인상(김태동)	1	X	인하기	34
2005-08-11	2005-09-08	동결	인상(김태동)	1	X	인하기	13
2005-09-08	2005-10-11	동결	인상(김태동)	1	O	인하기	37
2007-06-08	2007-07-12	동결	인상(심훈)	1	O	인상기	16
2010-09-09	2010-10-14	동결	인상(김대식, 최도성)	2	X	인상기	-53
2010-10-14	2010-11-16	동결	인상(최도성)	1	O	인상기	4
2011-02-11	2011-03-10	동결	인상(김대식, 최도성)	2	O	인상기	-25
2011-04-12	2011-05-13	동결	인상(김대식, 최도성)	2	X	인상기	-12
2011-05-13	2011-06-10	동결	인상(김대식, 최도성)	2	O	인상기	-2
2011-09-08	2011-10-13	동결	인상(김대식, 최도성)	2	X	인상기	-5
2017-10-19	2017-11-30	동결	인상(이일형)	1	O	인하기	14
2018-07-12	2018-08-31	동결	인상(이일형)	1	X	인상기	-14
2018-08-31	2018-10-18	동결	인상(이일형)	1	X	인상기	0
2018-10-18	2018-11-30	동결	인상(이일형, 고승범)	2	O	인상기	-13
2021-07-15	2021-08-26	동결	인상(고승범)	1	O	인하기	1
2021-10-12	2021-11-25	동결	인상(임지원, 서영경)	2	O	인상기	23
2022-10-12	2022-11-24	인상	인상(주상영, 신성환)	2	O	인상기	-65
2023-02-23	2023-04-11	동결	인상(조윤제)	1	X	인상기	-41
전체평균							-0.9
인하기							24.1
인상기							-14.4
인상기 + 금리 동결 + 인상 소수의견 (전체)							-10.1
인상기 + 금리 동결 + 인상 소수의견 (1인)							-7.0
인상기 + 금리 동결 + 인상 소수의견 (2인 이상)							-12.3

출처: 인포맥스, 하나증권

하락했다. 즉 시장은 금리 인상기에도 인상 소수의견만 등장하고 금리는 동결되었을 경우, 추가 인상까지는 시간이 걸릴 것으로 판단하고, 매수세를 일부 회복한다는 의미다.

동결 소수의견:
가장 강력한 기조 유지 시그널
―

2000년 이후 동결 소수의견은 총 32차례로, 인상·인하 소수의견보다 빈도가 가장 높았다. 이 중 금리 인하기에 등장한 경우는 18회(56%), 인상기에 등장한 경우는 14회(44%)였다. 특히 다음 회의에서도 금리를 동결한 확률은 무려 27회(84%)에 달한다. 이는 동결 소수의견이 정책 기조 유지의 강력한 시그널로 해석될 수 있음을 뜻한다.

· 금리 인하기 중 동결 소수의견 등장 → 다음 회의까지 평균 9bp 하락
· 금리 인상기 중 동결 소수의견 등장 → 다음 회의까지 평균 5bp 상승

이처럼 동결 소수의견은 시장금리에 미치는 영향 자체는 제한적이지만, '기조 유지의 강한 힌트'로 기능한다. 즉, 금리 인하·인상 국면의 일시적 중단 혹은 관망기를 예고하는 신호로 볼 수 있다.

결론:
소수의견은 정책 전환의 연습 시나리오
―

소수의견은 단순한 반론이 아니다. 그것은 통화정책 내부 논의가 어떻게 변화하고 있는지를 보여주는 '정책 변화의 연습 시나리오'다. 특

동결 소수의견 사례 정리

금통위 당일	다음 금통위	금리	금리 방향에 대한 소수의견	소수의견 개진 (명)	다음 금통위 동결	인상/인하기	3년물 변화량
2001-02-08	2001-03-08	인하	동결(남궁훈)	1	O	인하기	110
2001-07-05	2001-08-09	인하	동결(황의각, 강영주, 남궁훈)	2	X	인하기	-89
2001-08-09	2001-09-06	인하	동결(장승우)	1	X	인하기	-17
2003-05-13	2003-06-12	인하	동결(남궁훈)	1	O	인하기	-33
2003-07-10	2003-08-07	인하	동결(남궁훈)	1	O	인하기	31
2004-08-12	2004-09-09	인하	동결(이성남)	1	O	인하기	-39
2004-11-11	2004-12-09	인하	동결(이성태)	1	O	인하기	-28
2005-12-08	2006-01-12	인상	동결(강문수, 김종창)	2	O	인상기	-24
2006-02-09	2006-03-09	인상	동결(강문수)	1	O	인상기	-2
2006-08-10	2006-09-07	인상	동결(강문수, 이성남, 박봉흠)	3	O	인상기	-2
2007-08-09	2007-09-07	인상	동결(강문수)	1	O	인상기	10
2008-08-07	2008-09-11	인상	동결(강명헌)	1	O	인상기	-1
2010-07-09	2010-08-12	인상	동결(강명헌)	1	O	인상기	-18
2011-01-13	2011-02-11	인상	동결(강명헌, 임승태)	2	O	인상기	40
2011-03-10	2011-04-12	인상	동결(강명헌)	1	O	인상기	-11
2012-07-12	2012-08-09	인하	동결(임승태)	1	O	인하기	-37
2012-10-11	2012-11-09	인하	동결(임승태)	1	O	인하기	8
2013-05-09	2013-06-13	인하	동결(문우식)	1	O	인하기	27
2014-08-14	2014-09-12	인하	동결(문우식)	1	O	인하기	-11
2014-10-15	2014-11-13	인하	동결(문우식)	1	O	인하기	-7
2015-03-12	2015-04-09	인하	동결(정해방, 문우식)	2	O	인하기	-21
2015-06-11	2015-07-09	인하	동결(문우식)	1	O	인하기	3
2017-11-30	2018-01-18	인상	동결(조동철)	1	O	인상기	6
2018-11-30	2019-01-24	인상	동결(조동철, 신인석)	2	O	인상기	-8
2019-07-18	2019-08-30	인하	동결(이일형)	1	O	인하기	-23
2019-10-16	2019-11-29	인하	동결(이일형, 임지원)	2	O	인하기	10
2021-08-26	2021-10-12	인상	동결(주상영)	1	O	인상기	38
2021-11-25	2022-01-14	인상	동결(주상영)	1	X	인상기	3
2022-01-14	2022-02-24	인상	동결(주상영)	1	O	인상기	27
2023-01-13	2023-02-23	인상	동결(주상영, 신성환)	2	O	인상기	13
2024-10-11	2024-11-28	인하	동결(장용성)	1	X	인하기	-32
2024-11-28	2025-01-16	인하	동결(장용성, 유상대)	2		인하기	?

전체평균	-2.3
인하기	-8.7
인상기	5.1
금리 인상 + 동결 소수의견	5.1
금리 인하 + 동결 소수의견 (전체)	-8.7
금리 인하 + 동결 소수의견 (1인)	-3.5
금리 인하 + 동결 소수의견 (2인 이상)	-33.2

출처: 인포맥스, 하나증권

히 다음과 같은 점을 고려해야 한다.

- 인하 소수의견은 실제 인하로 이어질 가능성이 높다 (75%)
- 인상 소수의견은 다음 회의에서 인상될 확률이 더 높다 (50%)
- 동결 소수의견은 '기조 유지'의 가장 강력한 힌트다 (84%)

시장 반응은 '국면'에 따라 정반대가 될 수 있다.
- 인하기에 등장한 인상 소수의견 → 금리 상승
- 인상기에 등장한 인상 소수의견 → 금리 하락

따라서 소수의견은 그 방향 자체보다는 현재 통화정책 국면과 어떤 맥락에서 나왔는지를 함께 해석해야 하며, 통방문의 표현과 결합해서 분석할 때 가장 높은 정보 가치를 지닌다.

'포워드 가이던스'의 도입: 통화정책에 시간의 방향을 입히다

통방문과 소수의견만큼 중요한 내용이 하나 더 있다. 통화정책은 본질적으로 현재의 선택이 미래에 어떤 영향을 줄지를 고민하는 결정 행위이다. 그러나 과거의 한국은행은 기준금리를 결정한 이후 그 결정의 배경을 '통화정책방향문'과 '총재 기자회견' 등을 통해 간접적으로 설명하는 데 그쳤다. 즉 정책의 향후 방향성에 대해 구체적인 수치를 제시하거나 시점을 명시하는 방식은 존재하지 않았다.

이와 같은 방식은 중립적이고 신중한 태도를 견지하는 데는 유리하지만, 불확실성이 큰 시장 환경에서는 금융시장 참여자에게 정책 의도를 선명하게 전달하기 어렵다는 한계도 함께 안고 있었다.

이러한 한계를 보완하고자 2022년 4월 이창용 총재 부임 이후, 한국은행은 새로운 통화정책 커뮤니케이션 수단을 도입했다. 그것이 바로 '포워드 가이던스Forward Guidance'다.

새롭게 부상한 포워드 가이던스   04

포워드 가이던스란 말 그대로 '앞으로의 방향을 안내하는 지침'이라는 뜻이다. 미국 연준Fed이 2008년 글로벌 금융위기 이후 채택한 정책 수단으로 널리 알려져 있으며, 이후 전 세계 중앙은행으로 확산되었다. 한국은행이 도입한 포워드 가이던스는 다음과 같은 특성을 가진다.

① 기간 한정형

기준 시점은 통화정책회의일이며, 그로부터 3개월 간을 전망 기간으로 설정한다. 예를 들어 2월 회의에서 제시된 가이던스는 5월 회의까지의 정책 방향에 대한 위원들의 판단을 의미한다.

② 비공식 문답형 발표

포워드 가이던스는 통화정책방향문에는 포함되지 않으며, 기자회견 질의응답을 통해 구두로 공개된다. 즉 공식 발표문이 아니라 기자의 질문과 총재의 답변을 통해 확인해야 하기 때문에 기자회견의 중요성이 더욱 커졌다.

③ 총재는 제외

가이던스는 총재를 제외한 6명의 금통위원이 '향후 3개월 이내' 적절하다고 생각하는 금리 방향(인상/동결/인하)을 밝히는 방식이다. 다만, 위원 개인별 의견은 익명으로 제시되며, 숫자로 집계해 인상·동결·인하가 각각 몇 명인지만 공개된다.

시장에서의 의미와 반응

이 새로운 포워드 가이던스는 도입 직후부터 채권시장, 특히 국고채 시장에 매우 큰 파장을 낳았다. 이유는 명확하다. 불확실성을 수치화함으로써 시장참여자가 보다 명확하게 통화정책 방향을 가늠할 수 있게 되었고, 이전까지는 총재의 발언이나 통방문 문구를 해석하는 데 의존해야 했던 정책 분석이 구조화된 수치 기반 판단으로 진화할 수 있게 되었기 때문이다.

또한 금통위 기자회견의 중요도도 급격히 상승했다. 실제로 주요 채권운용사나 은행 딜링룸에서는 금통위 당일 점심시간을 건너뛰고 기자회견을 청취하는 것이 '불문율'처럼 자리잡았다. 정책 방향보다 먼저, 정책이 가리키는 방향이 무엇인지를 한 문장의 발언 속에서 캐치하는 능력이 시장을 움직이는 주요 요인이 되었기 때문이다.

포워드 가이던스의 유연성:
"고정된 것은 없다"

다만, 포워드 가이던스는 절대적인 예측치가 아니라 조건부 판단이라는 점에서 그 의미를 신축적으로 받아들일 필요가 있다. 예를 들어 어떤 회의에서 '동결 3명, 인하 3명'이라는 결과가 나왔다고 해도, 그 다음 회의까지의 경제지표, 글로벌 이벤트, 물가 흐름, 환율 변동 등에 따라 이 비율은 얼마든지 변경될 수 있다. 즉, 가이던스는 방향성을 전달하는 참고 정보일 뿐, 금리결정을 구속하는 규칙rule이 아니라는 점을 명확히 인식해야 한다. 이창용 총재 또한 기자회견에서 "포워드 가이던스는 특정 지표에 고정된 판단이 아니라, 데이터 디펜던트data dependent한 관점을 제시하는 것"이라고 여러 차례 언급한 바 있다.

향후 진화 방향:
3개월에서 6개월로의 확대

한국은행은 포워드 가이던스의 적용 기간을 현재의 '3개월'에서 '6개월'로 확대하는 방안도 검토하고 있다. 이는 정책의 시계가 점차 장기화되고, 연준의 점도표 dots처럼 중기적 전망을 제시해야 할 필요성이 커졌기 때문이다. 포워드 가이던스가 6개월로 확장된다면, 시장은 한국은행의 정책기조가 단기적 대응인지, 구조적 방향성 전환인지를 보다 명확히 판단할 수 있게 될 것이다. 예컨대 6인 중 5인이 '향후 6개월간 동결'을 지지한다면, 시장은 그간의 통방문 문구와 함께 정책금리가 상당기간 유지될 것이라는 신뢰 anchor를 형성할 수 있다.

결론:
숫자로 말하기 시작한 한국은행

포워드 가이던스는 단지 한 문장의 정책 전망이 아니다. 그것은 한국은행이 이제 과거의 '침묵의 중립성'을 벗어나 시장과의 커뮤니케이션을 강화하려는 의지를 공식화한 첫 사례다. 그동안의 통방문 해석은 문장의 뉘앙스, 형용사의 강도, 부사의 유무 등 주관적인 해석에 의존해야 했다. 하지만 포워드 가이던스는 시장과의 소통을 보다 구조화하고 수치화하는 노력이라는 점에서 획기적인 변화라 할 수 있다. 앞으로 이 제도가 6개월, 혹은 1년 단위로 확장되고, 더 많은 정보가 시장과 공유된다면, 통화정책의 투명성과 예측 가능성은 더욱 강화될 것이다. 그때가 되면 한국의 금리 시장도, 정책 방향을 '맞히는 시장'에서 정책 궤적을 '이해하는 시장'으로 진화할 수 있을 것이다.

최근 사례 정리:
포워드 가이던스의 실제 위력

2025년 상반기 금통위 연속 사례 분석

중앙은행의 통화정책은 그 자체로도 막강한 시장 영향력을 행사하지만, 때로는 정책결정보다 정책 방향을 암시하는 발언이나 의견이 더 큰 파장을 낳기도 한다. 2025년 상반기 금통위 회의들을 되돌아보면, 포워드 가이던스가 실제 금리결정보다도 더 강력한 정책 시그널로 작용했음을 명확히 확인할 수 있다.

2025년 1월 금통위: 동결 결정, 그러나 6인 전원 '인하 적절'

2025년 1월 금통위는 기준금리를 3.00%로 동결했다. 표면적으로는 변화가 없는 회의였다. 하지만 시장의 반응은 그 어느 때보다도 민감했고, 반응의 중심에는 포워드 가이던스가 있었다. 이 회의에서 한국은행은 기준금리를 동결했음에도 불구하고, 총재를 제외한 금통위원 6인 전원이 '금리 인하가 적절하다'고 판단한 사실이 기자회견에서 공개되었다. 이는 형식은 동결, 실질은 인하 시그널이었다. 시장은 즉각 반응했다. 단기물 금리는 급락했고, 연초 이후 보합세를 보이던 금리선물은 강하게 상승 전환했다. 시장 참가자들은 이 가이던스를 통해 "기준금리는 동결됐지만, 실질적인 전환은 이미 시작되었다"고 해석했다. 실제로 다음 회의인 2월 금통위에서 한국은행은 기준금리를 2.75%로 25bp 인하하며 시장의 기대를 현실화했다.

2025년 2월 금통위: 올해 첫 인하 이후 나타난 속도조절 메시지

2월 금통위는 만장일치로 금리를 인하했다. 앞선 1월 포워드 가이던스와 완벽하게 일치하는 결정이었다. 그러나 중요한 점은, 이번 회의 이후 시장이 다음 추가 인하를 얼마나 빠르게 예상할 수 있었느냐는 것이다. 그 단서 역시 포워드 가이던스에서 찾을 수 있었다. 금통위원 6인 중 '인하 적절'은 2명, 나머지 4명은 '동결이 적절'하다고 판단했다는 점이 공개됐다. 이 숫자는 매우 상징적이었다. 단일 회의에서 만장일치 인하를 단행했음에도, 향후 3개월 전망에서는 과반 이상이 '동결' 입장을 밝힌 것이다. 이는 분명히 "속도조절이 필요하다"는 정책 신호였고, 시장에서는 "추가 인하는 하겠지만, 다음 회의(4월)에서는 숨 고르기에 나설 수 있다"는 해석이 우세해졌다. 실제로 2025년 4월 금통위는 기준금리를 동결하며 그 메시지를 행동으로 입증했다.

2025년 4월 금통위: 동결 속에 다시 등장한 '6인의 인하 의견'

4월 금통위는 표면적으로는 기준금리를 그대로 동결한 회의였다. 앞선 2월 회의에서 이미 포워드 가이던스를 통해 '속도조절'을 시사했기 때문에, 시장도 어느 정도 동결을 예상하고 있었다. 그러나 주목할 만한 변화는 다시 포워드 가이던스에서 발생했다. 총재를 제외한 6인의 금통위원 전원이 '인하가 적절하다'는 의견을 제시한 것이다. 이는 정확히 1월 회의와 동일한 구성으로, 시장은 "다음 회의에서의 인하 가능성"을 거의 확정적인 시나리오로 반영하기 시작했다.

2025년 5월 금통위: 예고된 인하의 실현

예상은 빗나가지 않았다. 2025년 5월 금통위에서 한국은행은 기준금리를 다시 한 차례 2.50%로 인하(△25bp)하며 포워드 가이던스의 신뢰도를 다시 한 번 입증했다. 시장 입장에서는 1월·4월 두 차례에 걸쳐 6인 전원 '인하 적절' 가이던스가 등장한 이후에는 예외 없이 다음 회의에서 실제 인하가 단행되었다는 점에서, 이 신호의 예측력은 매우 높다는 평가를 내릴 수 있었다.

2025년 금통위 포워드 가이던스와 기준금리 결정 특징

회의	금리 결정	포워드 가이던스(6인 중)	다음 회의 결과
1월	동결	인하 6인 전원	2월 인하 (만장일치)
2월	인하	인하 2 / 동결 4	4월 동결
4월	동결	인하 6인 전원	5월 인하

결론:
포워드 가이던스는 이제 하나의 '사전 결정서'

2025년 들어 포워드 가이던스는 단순한 '의견 집계' 수준을 넘어, 실질적인 통화정책의 타임라인을 시장에 선제적으로 전달하는 수단으로 진화했다. 이제 시장은 기준금리 결정 그 자체보다도, 포워드 가이던스에서 인하 의견이 몇 명인지, '전원 인하'가 다시 등장하는지, 의

견 분포가 갈리는지 여부에 따라 다음 정책 회의에서의 방향성을 가늠하게 되었다. 요컨대, 포워드 가이던스는 단순한 참고자료가 아닌 '차기 회의의 가상 예비결정서'로 자리 잡은 셈이다.

미국의 통화정책 파헤치기

연방준비제도Fed의 결정 기준과
성명서 문구에 담긴 신호들

01 연준 통화정책의 기본 구조

연준의 양대 책무:
물가 안정과 완전 고용

미국 연방준비제도 Federal Reserve(이하 연준)의 통화정책 목표는 한국은행의 양대 책무와 유사하지만, 표현과 중점에서 약간의 차이를 보인다. 한국은행이 '물가 안정'과 '금융 안정'을 법적 책무로 명시하고 있는 것과 달리, 연준은 다음 두 가지를 명확하게 목표로 설정한다.

- 물가 안정(Price Stability)
- 최대 고용(Maximum Employment)

이 두 목표를 이중책무 Dual Mandate라고 부르며, 이는 미국의 중앙은행이 단순히 인플레이션만을 통제하는 기관이 아니라 고용과 경기 흐름에도 동등한 책임을 지고 있다는 점을 보여준다. 특히 물가 안정 측면에서 연준은 '근원 PCE 인플레이션Core PCE Inflation'을 기준으로 삼고 있으며, 2.0%를 중장기 목표치로 명시하고 있다. 여기서 말하는 PCE는 개인소비지출Private Consumption Expenditure 지수이며, 변동성이 큰 에너지 및 식료품을 제외한 '근원Core' 수치를 보다 중시한다.

연준 통화정책의 구성과 FOMC

연준의 정책금리는 통화정책 결정기구인 연방공개시장위원회Federal Open Market Committee, FOMC를 통해 정해진다. 연간 회의 횟수는 총 8차례이며, 이 중 3, 6, 9, 12월의 분기말 회의에서는 금리 결정과 함께 연준의 경제전망SEP, Summary of Economic Projections이 발표된다. 이 전망에는 경제성장률, 실업률, 인플레이션, 정책금리 경로Dot Plot 등이 포함되어 있어 정책의 향후 방향성을 가늠하는 핵심 단서로 작용한다. 한국은행이 2, 5, 8, 11월에 수정경제전망을 발표하며 통화정책 결정에 무게를 싣는 것과 매우 유사한 구조다.

FOMC도 금통위와 마찬가지로 회의 직후 발표되는 성명서FOMC Statement가 중요하다. 성명서는 매번 거의 같은 형식을 유지하면서도 미세한 단어 선택과 구문의 변화로 연준의 정책 의지를 시장에 전달하는 정교한 수단으로 기능해 왔기 때문이다.

02 성명서 문구의 진화와 정책 신호

"Firming"이라는 단어의 등장과 변천

FOMC 성명서는 매번 반복적으로 나오는 기본 문장 구조 속에, 연준이 현재의 경기 흐름과 물가 추이를 어떻게 평가하고 있는지를 드러내는 주요 단어들이 삽입된다. 그중에서도 금리 인상기마다 등장했던 핵심 단어가 바로 "firming"이다. 단, 이와 함께 쓰인 용어들의 변화를 통해 긴축 종료를 암시하기도 했다.

첫 등장: 2005년 12월

당시 미국은 2004년부터 시작된 금리 인상 사이클의 중반부에 접어들고 있었다. 부동산 시장 과열과 자산 버블 우려가 커지는 가운데, 연준은 인플레이션 억제를 위한 긴축 기조 강화를 명확히 시사할 필요가 있었다. 2005년 12월 FOMC 성명서에서 연준은 다음과 같은 표현을 사용했다.

"Some further policy firming is likely to be needed." (일부 추가적인 정책 긴축이 필요할 가능성이 있다). 이는 단순한 금리 인상뿐만 아니라 "지속적으로 더 나아갈 수 있다"는 방향성 신호로 작용했다.

2005년 12월 FOMC 성명서에 등장한 firming

> The Committee judges that some further measured policy firming is likely to be needed to keep the risks to the attainment of both sustainable economic growth and price stability roughly in balance. In any event, the Committee will respond to changes in economic prospects as needed to foster these objectives.

출처: Fed

2006년 들어 문구 조정의 흐름

이후 금리 인상 기조는 이어졌지만, FOMC는 매 회의마다 문구를 미세하게 수정하며 점진적인 긴축 종료를 암시하기 시작한다.

2006년 1월 회의

"Some further policy firming may be needed." → 'likely'에서 'may'로 변경되어 불확실성이 강화됨.

2006년 5월 회의

"Some policy firming may yet be needed…" → 'may yet be'라는 표현으로 기정사실화가 아닌 가능성만 열어둠

"…extent and timing of any such firming will depend on the evolution of the outlook as informed by incoming data." → "향후 데이터에 따라 조정될 수 있다"는 전제를 강조.

2006년 1월 FOMC 성명서에서 변형된 firming

> The Committee judges that some further policy firming may be needed to keep the risks to the attainment of both sustainable economic growth and price stability roughly in balance. In any event, the Committee will respond to changes in economic prospects as needed to foster these objectives.

2006년 5월 FOMC 성명서에서 변형된 firming

> The Committee judges that some further policy firming may yet be needed to address inflation risks but emphasizes that the extent and timing of any such firming will depend importantly on the evolution of the economic outlook as implied by incoming information. In any event, the Committee will respond to changes in economic prospects as needed to support the attainment of its objectives.

2006년 6월 회의

"Any additional firming that may be needed…" → 'any additional'이라는 조건부 긴축 표현으로 최종 마무리 단계에 들어섬을 시사.

이처럼 firming이라는 단어 하나만 두고 보더라도, 연준은 이를 통해 정책의 방향, 속도, 지속성을 조절하며 시장과 소통하고 있었던 것이다.

2006년 6월 FOMC 성명서에서 변영된 firming

> Although the moderation in the growth of aggregate demand should help to limit inflation pressures over time, the Committee judges that some inflation risks remain. The extent and timing of any additional firming that may be needed to address these risks will depend on the evolution of the outlook for both inflation and economic growth, as implied by incoming information. In any event, the Committee will respond to changes in economic prospects as needed to support the attainment of its objectives.

과거가 현재를 비추다: 2023년의 Deja vu

놀랍게도 20여 년이 흐른 뒤, 연준은 유사한 금리 인상기였던 2022~2023년에도 동일한 표현을 재활용한다. 2023년 3월 FOMC 성명서에는 다음 문장이 다시 등장했다.

"Some additional policy firming may be appropriate."

이는 2005~2006년과 유사한 환경 속에서 연준이 역사적 맥락을 반복하며 동일한 언어를 선택했음을 보여주는 중요한 사례다. 당시도 마찬가지로, 물가 상승 압력은 다소 진정됐으나 여전히 목표를 상회하고 있었고, 고용 시장은 예상보다 견조하게 유지되고 있었다. 연준은 긴축 기조를 유지하되, 추가 인상 여지를 점차 축소하며 마무리 단계에 진입하고 있음을 'some'과 'may'라는 단어로 암시했다.

2023년 3월 FOMC 성명서에서 등장한 firming

> The Committee anticipates that some additional policy firming may be appropriate in order to attain a stance of monetary policy that is sufficiently restrictive to return inflation to 2 percent over time. In determining the extent of future increases in the target range, the Committee will take into account the cumulative tightening of monetary policy, the lags with which monetary policy affects economic activity and inflation, and economic and financial developments. In addition, the Committee will continue reducing its holdings of Treasury securities and agency debt and agency mortgage-backed securities, as described in its previously announced plans. The Committee is strongly committed to returning inflation to its 2 percent objective.

혹자는 "단어 하나 바뀌었다고 시장이 요동치는 것이 비정상 아닌가?"라고 의문을 가질 수도 있다. 그러나 연준은 통화정책이 지닌 막대한 파급력을 누구보다 잘 알고 있는 기관이다. 따라서 성명서 작성 과정에서 사용되는 단어 하나하나, 문장 구조의 배열, 구두점의 위치조차도 철저히 전략적으로 설계된다. 특히 과거에 동일한 환경에서 반복적으로 사용된 용어일수록, 시장 참가자들은 이를 '코드'처럼 해석하고 있다. 예를 들어 "Some additional policy firming may be appropriate"와 같은 표현이 나왔을 경우, 이는 거의 암묵적으로 "한두 차례 정도의 인상이 더 남아 있을 수 있으나, 긴축 사이클은 막바지"라는 메시지로 해석될 수 있는 것이다.

연준의 금리 인하 암시 표현의 종류와 맥락
―

연준이 기준금리 인상 기조를 멈추고, 향후 인하를 시사하거나 실제 인하 사이클에 진입하려 할 때에도 그만큼 신중하면서도 명확한 언어적 메시지를 시장에 전달할 필요가 있다. 과거 사례들을 보면, 연준은 통화정책 완화를 암시할 때 다음과 같은 표현들을 반복적으로 사용해 왔다.

① **"Growth has moderated"**
　: 성장 둔화

・**대표적 등장 시기: 2007년~2008년 금융위기 전후**
2007년 9월 FOMC 성명서에서 연준은 다음과 같은 문구로 첫 금리 인하(50bp)를 정당화했다.

"Economic growth was moderate during the first half of the year, but the tightening of credit conditions has the potential to intensify the housing correction and to restrain economic growth more generally."

여기서 "restrain economic growth"라는 표현은 신용 경색과 주택시장 붕괴가 실물경제 전반으로 영향을 미치기 시작했다는 평가로 해석됐다. 이는 곧장 2008년 본격적인 연쇄 인하로 이어졌다. 또한 이 무렵 성명서에는 "recent developments in financial markets have increased the uncertainty surrounding the economic outlook"이라는 문구도 반복됐다. 이는 '불확실성 증대' → '완화의 필요성'으로 이어지는 정교한 논리적 연결 구조를 보여준다.

② "Downside risks to the outlook have increased"
   : 하방 리스크 강조

• **대표적 등장 시기: 2019년 보험성 금리 인하Insurance Cuts**

미중 무역분쟁과 글로벌 경기 둔화 우려가 확산된 2019년, 연준은 선제적 인하Preemptive Cuts를 단행했는데, 그 과정에서 등장한 핵심 문구가 바로 이것이다.

2019년 6월 FOMC 성명서

> "Uncertainties about this outlook have increased. The Committee will closely monitor the implications of incoming information for the economic outlook and will act as appropriate to sustain the expansion."

여기에서 강조된 두 가지 표현 "uncertainties have increased", "act as appropriate" 이는 명시적인 인하 결정 없이도 선제적 완화 여지를 강하게 시사한 것이다. 실제로 한 달 뒤인 2019년 7월 FOMC에서는 10년 만의 금리 인하가 현실화됐다.

③ "Will act as appropriate to support the expansion"
: 경기 확장을 지지하기 위한 행동

이 문구는 2019년~2020년 초반까지 거의 매 성명서에 반복적으로 삽입되었다.

• **처음 등장:** 2019년 6월
• **유지 기간:** 2019년 6월~2020년 1월

이 표현은 금리 인하를 예고하는 동시에, 선제적 대응의 여지를 열어둠으로써 시장이 조기 대응에 나설 수 있도록 유도하는 효과를 발휘했다. 또한 "as appropriate"라는 표현은 그 자체로도 매우 중요한데, 이는 향후 데이터를 보면서 결정하겠지만 긴급 시 대응하겠다는 유연한 입장을 내포하고 있기 때문이다.

④ "Will use its tools to support the economy"
: 비전통적 수단의 도입 예고

• **대표적 등장 시기: 2020년 팬데믹 발생 직후**

2020년 3월 코로나 팬데믹이 본격화되면서, 연준은 정책금리를 제로 수준(0.00~0.25%)으로 인하하는 동시에 양적완화Asset Purchases와 같은 비전통적 수단을 도입했다.

⑤ **"Appropriate to maintain this target range until labor market conditions have reached levels consistent with…"**

• 대표적 등장 시기: 2021년~2022년 회복기

팬데믹 이후 제로금리를 유지하면서 연준은 최대한의 고용 회복을 목표로 장기적인 제로금리 유지를 정당화했다. 이는 2020년 9월 FOMC에서 처음 언급되었으며, 성명서와 의사록에서 'employment-based guidance'라는 새로운 접근을 제시했다.

2020년 3월 15일 긴급 FOMC 성명서

> "The Committee will use its full range of tools to support the flow of credit to households and businesses…", "…and will continue to monitor the implications of incoming information for the economic outlook."

이는 단순한 금리 인하를 넘어 시장 유동성 공급과 전방위적 대응 의지를 담은 정책 가이던스였다.

결론:
단어를 읽는 것이 곧 금리전망이다

연준의 통화정책 결정은 데이터에 기반하지만, 정책을 시장과 공유하고 전달하는 방식은 언어에 기반한다. 따라서 FOMC 성명서 속 단어 하나하나는 단순한 수사적 표현이 아니라, 의사결정 과정의 축약물이자 시장과의 소통 도구로 기능한다. 2005~2006년, 그리고 2023년 사례에서 볼 수 있듯이, 연준은 특정 용어(firming, likely, may 등)를 통해 점진적 긴축 완화를 암시했고, 시장은 이를 근거로 향후 정책 방향을 예측했다. 즉, 연준 성명서를 읽는 일은 '정책 결과'를 확인하는 것이 아니라, 정책 전환의 단서를 포착하고 시장을 선점하기 위한 전략적 독해 과정이라 할 수 있다.

03 점도표 해독법

연준의 속마음을 해독하는 지도

연준은 매년 네 차례, 즉 3월, 6월, 9월, 12월의 FOMC에서 금리 결정과 함께 수정경제전망(SEP: Summary of Economic Projections)을 발표한다. 이 경제전망에는 성장률, 실업률, 물가 상승률 등 핵심 거시지표에 대한 연준 위원들의 전망이 포함되며, 이와 더불어 가장 큰 주목을 받는 지표가 바로 '점도표Dot Plot'이다. 점도표는 FOMC 구성원 개개인이 특정 시점(해당 연도 말, 내년, 내후년, 장기)에 적절하다고 판단하는 정책금리 수준을 점으로 표시한 것이다.

  2025년 현재 FOMC 정원은 총 19명(7명의 이사와 12명의 지역 연방은행 총재)이며, 이 중 매년 5명의 지역 연준 총재가 돌아가며 의결권을 가진다. 그러나 점도표는 투표권 유무와 관계없이 19명 전체 위원의 시각을 반영한다.

① 점도표는 중간 값으로 읽어라

점도표는 시각적으로 각 위원이 선택한 정책금리 수준이 도표 형태로 배열되며, 개별 점의 수치를 평균하기보다는 '중간 값 median'을 중심으로 해석하는 것이 관례다. 왜냐하면 일부 위원들의 지나치게 높은(혹은 낮은) 점이 평균치를 왜곡할 수 있기 때문이다. 특히 내년, 내후년, 장기 항목으로 갈수록 점들이 흩어지는 현상이 자주 발생하는데, 이는 연준 위원들 간의 미래 경제전망과 적절한 통화정책에 대한 견

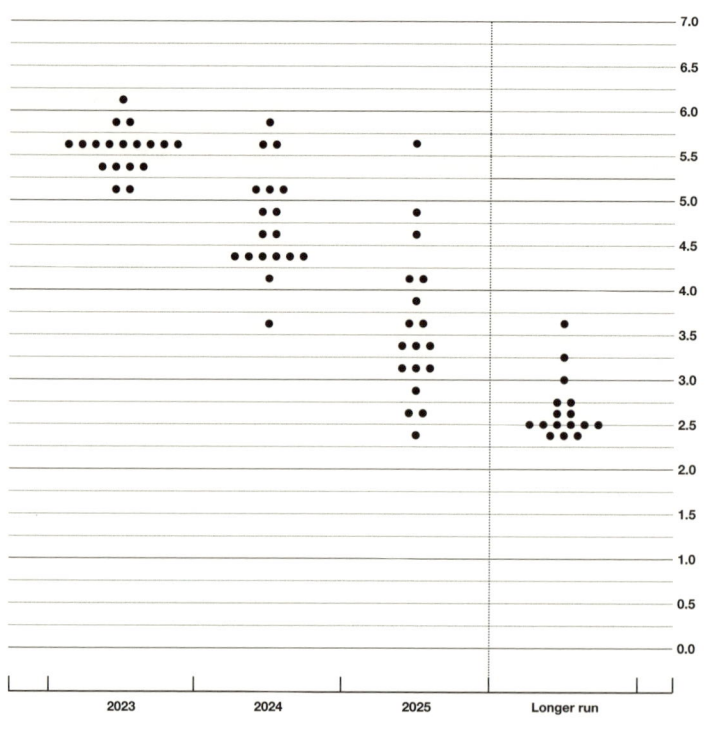

2023년 6월 연준 FOMC 점도표

출처: Fed

해 차이가 클수록 불확실성이 높다는 뜻이다.

예를 들어 2023년 6월 점도표에서는 '23년 말 금리에 대해서는 5.50%로 의견이 어느 정도 모였으나, 2024년과 2025년으로 갈수록 위원들의 점들이 넓게 퍼져 있었고, 일부 위원은 3%대, 또 다른 일부는 5%대를 유지해야 한다고 보았다. 이처럼 점도표의 분포도는 연준 내부의 의견 일치를 가늠하는 유용한 수단이다.

그렇다고 해서 당해 연도에 대한 의견이 일치하는 것도 아니다. 향후 짧은 미래에 대해서도 연준 위원들의 의견이 엇갈리는 경우를 쉽

2025년 6월 연준 FOMC 점도표

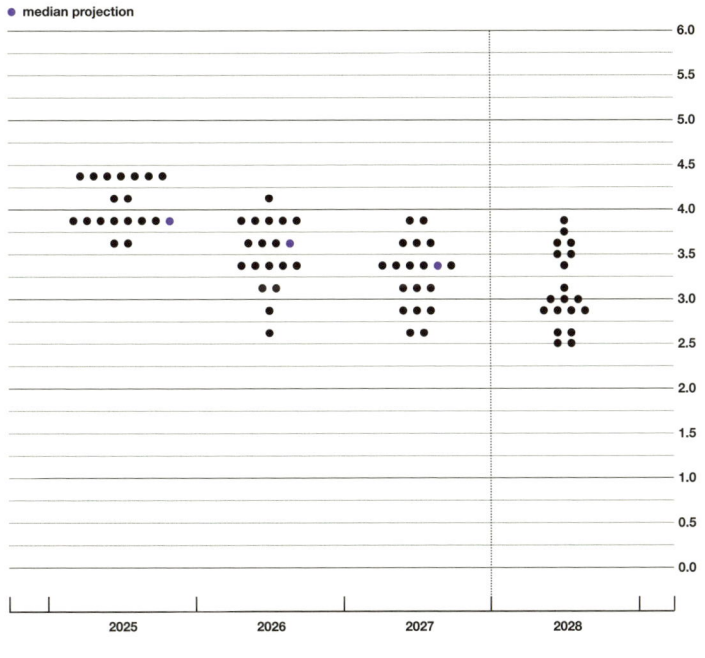

출처: Fed

게 찾아볼 수 있다. 2025년 6월 점도표를 보면, 올해 동결이 적절하다고 점을 찍은 사람이 7명, 2회 인하가 적절하다고 주장하는 위원이 8명으로 극명하게 구분되어 있다.

② 장기 중립금리: 기준금리의 닻

점도표 가장 오른쪽에는 '장기 중립금리Longer-run projection'가 제시된다. 이 수치는 연준 위원들이 생각하는 이론적 균형금리, 즉 인플레이션과 디플레이션 압력이 없는 상태에서 미국 경제가 잠재성장률 수준을 유지할 수 있는 '균형 기준금리'를 의미한다.

2020년 팬데믹 당시에는 중립금리가 2.50% 수준에서 머물렀지만, 2022년 이후 연준 일부 위원들은 중립금리를 2.75% 또는 그 이상으로 상향 조정했다. 이는 미국 경제의 기본 체력(구조적 성장률이나 노동생산성 등)이 이전보다 견조해졌다고 판단하고 있음을 시사한다. 더 나아가, 장기 중립금리가 높아졌다는 것은 향후 금리 인하 속도나 인하 여지가 제한적일 수 있다는 신호이기도 하다. 즉, 금리를 낮추더라도 과거처럼 1% 이하의 초저금리 시대가 다시 열리기는 어려울 수 있다는 점에서 투자자들은 주의를 기울일 필요가 있다.

③ 연준 내부 의견 불일치 대표 사례: 바로 2019년 보험성 인하

점도표는 때때로 단순한 금리 수준 전망을 넘어서, 통화정책의 '기조 전환 가능성'을 시사하는 도구로도 기능한다. 대표적인 사례가 2019년 트럼프 1기 시절의 보험성 인하Insurance Cut 국면이다. 당시 연준은 글로벌 무역 불확실성 확대와 제조업 둔화 우려 속에서 경기 하방 리스크에 대응하고자 선제적 성격의 인하를 단행했다. 2019년 7월 연준은 기준금리를 25bp 인하함과 동시에, 양적긴축QT 조기 종료를 발표했다. 이는 사실상 긴축 정책의 종결을 공식화한 조치였다.

그러나 이 인하에 대해 연준 내부에서는 완전한 합의가 이뤄지지 않았다. 7월 회의에서는 무려 2명의 위원이 동결을 주장하는 소수의견을 냈고, 제롬 파월 의장도 "이는 금리 인하 사이클의 시작이 아니라 중간 조정mid-cycle adjustment"이라며 명확한 방향 제시를 꺼렸다. 9월, 10월에도 두 차례 추가 인하가 이어졌지만, 매번 소수의견이 존재했으며, 점도표 역시 연준 위원들의 향후 금리 전망이 극명하게 엇갈리는 모습을 보여줬다.

이는 보험성 인하라는 정책 특성상 명확한 전제나 경로가 존재하지 않음을 의미한다. 한마디로 "필요할 때 필요한 만큼만"이라는 불가지론적 접근이었다. 이러한 상황에서 점도표의 분산도와 소수의견의 등장 여부는 연준 내부의 긴장과 불확실성을 반영하는 중요한 신호로 작용했다.

**2019년 6월 FOMC 성명서: 동결 (마지막) + 불라드 25bp 인하 소수의견
('인내심' 단어 삭제 + '경기 확장 지속을 위해 적절히 행동하겠다' 문구 추가)**

Voting for the monetary policy action were Jerome H. Powell, Chair; John C. Williams, Vice Chair, Michelle W. Bowman; Lael Brainard; Richard H. Clarida; Charles L. Evans; Esther L. George; Randal K. Quarles; and Eric S. Rosengren. Voting against the action was James Bullard, who preferred at this meeting to lower the target range for the federal funds rate by 25 basis points.

2019년 7월 FOMC 성명서: 25bp 인하 + QT 조기종료 + 2명 위원 동결 소수의견

economic outlook as well as muted inflation pressures, the Committee decided to lower the target range for the federal funds rate to 2 to 2-1/4 percent. This action supports the Committee's view that sustained expansion of economic activity, strong labor market conditions, and inflation near the Committee's symmetric 2 percent objective are the most likely outcomes, but uncertainties about this outlook remain. As the Committee contemplates the future path of the target range for the federal funds rate, it will continue to monitor the implications of incoming information for the economic outlook and will act as appropriate to sustain the expansion, with a The Committee will conclude the reduction of its aggregate securities holdings in the System Open Market Account in August, two months earlier than previously indicated. Voting for the monetary policy action were Jerome H. Powell, Chair; John C. Williams, Vice Chair; Michelle W. Bowman; Lael Brainard; James Bullard; Richard H. Clarida; Charles L. Evans; and Randal K. Quarles. Voting against the action were Esther L. George and Eric S. Rosengren, who preferred at this meeting to maintain the target range for the federal funds rate at 2-1/4 to 2-1/2 percent.

2019년 9월 FOMC 성명서: 25bp 인하 + 불라드 50bp 인하 소수의견 + 2명 위원 동결 소수의견

economic outlook as well as muted inflation pressures, the Committee decided to lower the target range for the federal funds rate to 1-3/4 to 2 percent. This action supports the Committee's view that sustained expansion of economic activity, strong labor market conditions, and inflation near the Committee's symmetric 2 percent objective are the most likely outcomes, but uncertainties about this outlook remain. As the Committee contemplates the future path of the target range for the federal funds rate, it will continue to monitor the implications of incoming information for the economic outlook and will act as appropriate to sustain the expansion, with a Randal K. Quarles. Voting against the action were James Bullard, who preferred at this meeting to lower the target range for the federal funds rate to 1-1/2 to 1-3/4 percent; and Esther L. George and Eric S. Rosengren, who preferred to maintain the target range at 2 percent to 2-1/4 percent.

연준의 대차대조표(B/S)와 시장 유동성

04

대차대조표의 중요성과 시장 반응

연준Federal Reserve의 통화정책은 단순히 정책금리Federal Funds Rate의 조정만으로 이루어지지 않는다. 금융위기 이후 비전통적 통화정책 수단인 양적완화QE와 양적긴축QT을 통해 연준은 대차대조표를 능동적으로 확장하거나 축소하는 방식으로 시장 유동성에 영향을 미쳤다. 이러한 과정이 반복되면서, 시장 참여자들, 특히 채권 투자자는 연준의 대차대조표 구성을 분석하는 것 자체를 중요한 정보로 인식하게 되었다.

연준의 자산과 부채의 구조

―

연준의 대차대조표는 전통적인 자산과 부채의 이중 구조를 가진다.

- **자산(Assets):** 주로 보유채권(U.S. Treasury Securities), MBS(Mortgage-backed Securities) *, 대출(Loans), 금(Gold) 등으로 구성된다.
- **부채(Liabilities):** 유통통화(Currency in circulation), RRP(역레포) *, TGA(재무부 일반계정), 준비금(Reserve Balances) 등이 포함된다.

이러한 항목들의 변화는 단순한 장부상의 숫자 이상으로 해석된다. 연준의 자산이 줄면 유동성이 흡수되고, 반대로 자산이 늘면 유동성이 공급된다.

MBS(Mortgage-backed Securities)

은행이나 금융기관이 주택담보대출(모기지)을 모아 이를 담보로 발행한 증권이다. 투자자는 개별 차주 대신 주택담보대출 풀(pool)에서 발생하는 원리금을 받게 된다.

RRP(Reverse Repurchase Agreement, 역레포)

중앙은행(연준)이 시중 금융기관(주로 MMF)으로부터 하루 동안 돈을 빌리고, 그 대가로 이자를 지급하는 초단기 금융 거래이다. 단기 유동성을 조절하는 목적으로 도입되었고, 기준금리 하한선을 지키는 역할로도 활용되고 있다.

2025년 금통위 포워드 가이던스와 기준금리 결정 특징

연준 Balance Sheet	
Asset (자산)	**Liability (부채)**

• **Securities held outright (보유 자산)**
U.S Treasury securities
  Bills
  Note and Bond
  Inflation compensation
Mortgage-backed securities (MBS)
	• **Currency in circulation (유통 통화량)**
	
	• **Reverse repurchase agreements (RRP)**
	  Foreign official and international accounts
	
	• **Treasury cash holdings**

• **Loans (대출)**
Primary Credit
Secondary Credit
Bank Term Funding Program (BTFP)
 	
• **Gold (금)**
	• **Deposits with F.R Banks other than reserve balances**
	  U.S Treasury General Account (TGA)
	  Foreign official
	
	• **Reserve balances with Federal Reserve Banks**
	  (지급준비금)

QT(양적긴축) 메커니즘: 다섯 가지 시나리오

연준이 QT를 단행할 경우, 자산 축소를 통해 시장 유동성을 회수한다. 이 과정에서 다양한 자금흐름 경로에 따라 대차대조표 내 항목들이 어떻게 변화하는지를 이해하는 것이 핵심이다.

옵션 1: 은행이 정부의 국채를 매입하는 경우

1. 정부는 국채를 발행해 자금을 조달한다.
2. 은행이 이 국채를 매입하면, 연준에 예치된 지급준비금 Reserve Balances이

줄어든다.

3. 동시에, 연준의 자산도 줄고, 부채 항목 중 지급준비금이 감소한다.

- **결과:** 연준과 은행 모두의 대차대조표 규모가 축소된다. 이는 유동성 회수 효과를 지닌다.

연준			재무부		
자산		부채	자산		부채
국채	-100	지급준비금	TGA	-100	국채 -100
		TGA -100			
		역레포 잔고			

은행			MMF		
자산		부채	자산		부채
국채		예치금 (Deposit)	국채		가계가 소유한 지분
지급준비금			예치금 (Deposit)	
			역레포 잔고		

옵션 2: MMF가 T-bill을 매입하는 경우

1. MMF(Money Market Fund)가 연준의 역레포 잔고(Overnight RRP)에 예치한 자금을 인출한다.

2. 이 자금으로 T-bill*을 매입한다.

3. 이때 MMF의 예치금(부채)이 줄어들고, 연준의 부채 중 역레포 항목이 줄어든다.

- **결과:** 연준 자산과 지급준비금에는 변화가 없지만, 부채 항목이 축소된다. 대차대조표가 줄어들지만 유동성 회수 효과는 상대적으로 제한적이다.

> **T-bill(Treasury Bill, 미국 국채 단기물)**
> 미국 재무부가 발행하는 만기 1년 이하 단기국채이다. 대표적으로 4주, 8주, 13주, 26주, 52주물이 있다. 이자를 따로 지급하지 않고, 액면가보다 낮은 가격에 발행한 뒤, 만기에 액면가를 지급하는 할인방식으로 발행된다.

연준			
자산		부채	
국채	-100	지급준비금	-100
		TGA	
		역레포 잔고	

재무부			
자산		부채	
TGA		국채	

은행			
자산		부채	
국채	+100	예치금 (Deposit)	
지급준비금	-100		

MMF			
자산		부채	
국채		가계가 소유한 지분	
예치금 (Deposit)			
역레포 잔고			

옵션 3: 국채 만기 도래 후 TGA 사용

1. 재무부가 만기 국채를 상환하기 위해 TGA 계좌를 사용한다.
2. TGA 계좌의 자금은 연준의 자산에서 빠져나가고, 국채가 상환되며 자산도 감소한다.
3. 은행이 이를 통해 유입된 자금을 활용하면 지급준비금은 변동 없이 유지된다.

- **결과:** 연준의 대차대조표는 축소되지만 은행 지급준비금에는 영향이 없다. 자산과 부채 모두가 줄어든다.

연준			
자산		부채	
국채	-100	지급준비금	-50
		TGA	
		역레포 잔고	-50

재무부			
자산		부채	
TGA		국채	

은행			
자산		부채	
국채		예치금 (Deposit)	-50
지급준비금	-50		

MMF			
자산		부채	
국채	+100	가계가 소유한 지분	
예치금 (Deposit)	-50		
역레포 잔고	-50		

옵션 4: MMF 예치금 인출 → 국채 매입

1. MMF가 은행 예치금을 인출해 국채를 매입한다.
2. 은행은 연준에 예치된 지급준비금을 인출해 자금을 충당한다.
3. 연준의 지급준비금과 역레포 항목이 감소한다.

• **결과:** 연준과 은행의 대차대조표가 모두 축소되며, MMF는 자산 중 국채 비중이 늘어난다. 유동성 회수 효과는 크다.

옵션 5: 은행과 MMF가 절반씩 국채를 매입하는 복합 시나리오

1. MMF는 예치금과 역레포를 통해 자금을 조달하여 국채를 매입한다.
2. 은행은 MMF의 인출에 대응하기 위해 연준에서 지급준비금을 인출해 자금을 마련한다.
3. 연준의 국채 보유가 줄어드는 동시에 지급준비금, TGA, 역레포 잔고가 모두 감소한다.

• **결과:** 연준 대차대조표의 다중 항목이 동시에 줄어들며, 유동성 회수 강도가 가장 크다.

연준			
자산		부채	
국채	-100	지급준비금	-75
		TGA	
		역레포 잔고	-25

재무부			
자산		부채	
TGA		국채	

은행			
자산		부채	
국채	+50	예치금 (Deposit)	-25
지급준비금	-75		

MMF			
자산		부채	
국채	+50	가계가 소유한 지분	
예치금 (Deposit)	-25		
역레포 잔고	-25		

옵션	연준 대차대조표 변화	유동성 영향	은행 준비금
1 (은행 직접 매입)	자산 및 지급준비금 모두 감소	유동성 축소 강함	감소
2 (MMF RRP 인출)	역레포 잔고만 감소	유동성 축소 제한	변화 없음
3 (TGA 상환)	자산 및 TGA 감소	유동성 축소 보통	변화 없음
4 (MMF 예치금 인출)	지급준비금 및 역레포 감소	유동성 축소 강함	감소
5 (혼합형)	대차대조표 전반 축소	유동성 축소 매우 강함	감소

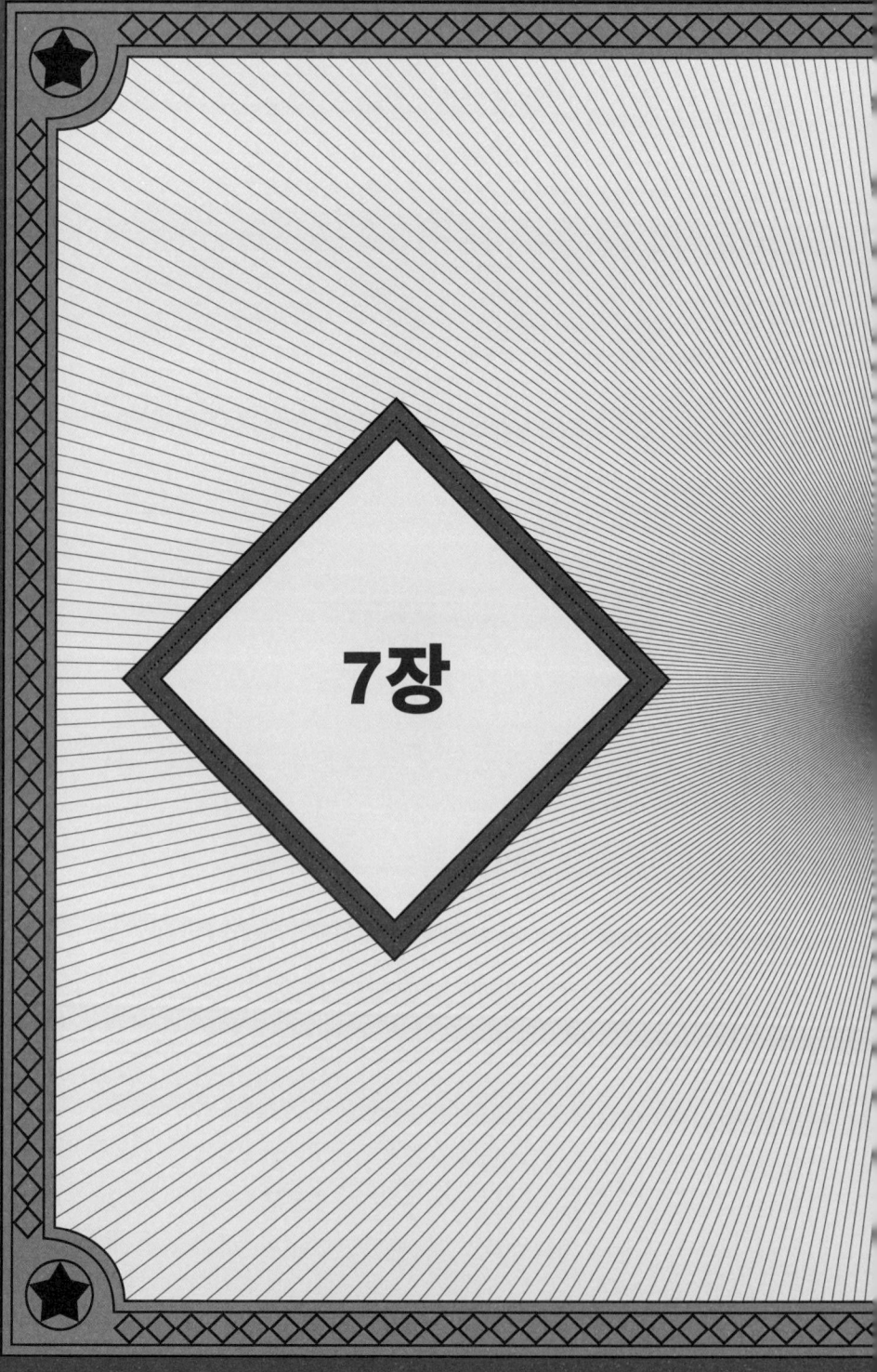

재정정책 파헤치기

01 한국의 재정정책과 채권시장

왜 재정정책이 중요할까?

2020년 팬데믹 이후, 전 세계 정부는 유례없는 규모의 확장적 재정정책을 펼쳤다. 이로 인해 글로벌 국채 발행량이 급증했고, 통화량 증가와 공급망 교란이 겹치며 인플레이션 압력이 본격화되었다. 결과적으로 주요국 중앙은행은 물가 안정을 위해 급격한 금리 인상에 나서야 했다. 이는 재정정책이 단순히 경기 대응 수단을 넘어, 통화정책과 물가, 장단기금리에 중대한 영향을 주는 변수임을 뜻한다. 특히 한국과 미국의 채권시장에서는 재정정책이 투자 전략과 금리 전망의 핵심 변수로 작용하고 있다.

추가경정예산(추경)과 적자국채

추가경정예산*은 국내 채권시장 수급에 직접적인 영향을 미친다. 특히 추경이 발표되면, 적자국채 발행 규모 증가에 대한 우려로 국고채 금리가 반응한다. 수요가 일정한 상황에서 공급이 늘면 국채 가격은 하락하고 금리는 상승하는 구조다.

하지만 과거 데이터를 살펴보면, 추경이 금리 상승을 유발한다고 단정하기는 어렵다. 시장은 수급 부담을 선반영하는 경향이 있어, 적자국채 발행 전에 이미 금리가 상승하고 이후에는 오히려 안정되는 경우로 존재한다.

추경 비중에 따른 금리 반응 분석

따라서 2001년 이후 추경과 금리의 상관성을 살펴보자. 여러 방법이 있겠지만 과거에 1만 원이 지금의 1만 원과 가치가 다른 것처럼 추경도 절대 규모로만 영향력을 분석하는 데 한계가 있다.

그래서 추경 규모를 직전 연도 말에 기획재정부가 발표하는 당해 연도 국채발행한도에서 차지하는 비중으로 환산했다. 예를 들어 2024년 국고채 발행한도가 197.6조 원인데(기재부 홈페이지 2024년 12월 30일), 추경 규모가 15조 원이라면 7.6%, 그리고 35조 원이라면 17.7%가 된다. 그리고 이를 크게 10% 미만, 10~20% 미만, 20% 이상으로 구분했다. 그리고 국채 금리에 미치는 기간은 3개월로 잡았다.

> **추가경정예산**
> 용도가 정해진 국가의 예산이 이미 실행 단계에 들어간 뒤, 부득이하게 필요하고 불가결한 경비가 발생할 수 있다. 이때 정부가 예산을 추가 변경하여 국회에 제출하고 의결을 거쳐 집행하는 예산이다.

2001년 이후 추경은 총 17개 연도에서 이뤄졌다. 그리고 17개 연도에서 나타난 금리 변화를 평균적으로 살펴보면 추경이 차지하는 비중이 10% 미만일 때 국고채 3년물 금리는 향후 3개월 뒤에 금리가 32bp 하락했고, 10년물은 29bp 하락했다. 참고로 국고채 30년물은 2012년에 탄생했고, 2012년에 추경이 없었기 때문에 2013년부터 데이터를 가져올 수 있다. 국고채 30년물은 향후 3개월 뒤에 5bp 소폭 상승했다.

다음으로 10~20% 수준으로 추경이 단행되었을 때를 살펴보자. 국고채 3년물 금리는 20bp 상승했고, 10년물 금리는 9bp, 30년물 금리는 19bp 상승했다.

마지막으로 20% 이상으로 추경이 집행되었을 때를 살펴보자. 3년물은 55bp, 10년물은 74bp 급등했고, 30년물도 78bp 급등했다. 여기서 시사점은 흔히 추경을 하면 시장금리가 상승하면서 장단기금리차도 확대되는 소위 베어스티프닝 장세가 될 것이라고 많이들 생각해 왔다.

하지만 유의미한 베어스티프닝 장의 색깔이 나타나려면 추경 규모가 총 국채발행한도의 20% 이상은 되어야 한다는 점을 깨닫게 된다. 물론 대내외 여러 재료들을 함께 고려해야 한다. 하지만 20% 이상 추경이 단행된 적은 2001년 이후로 총 17차례 중에서 3차례에 불과하다.

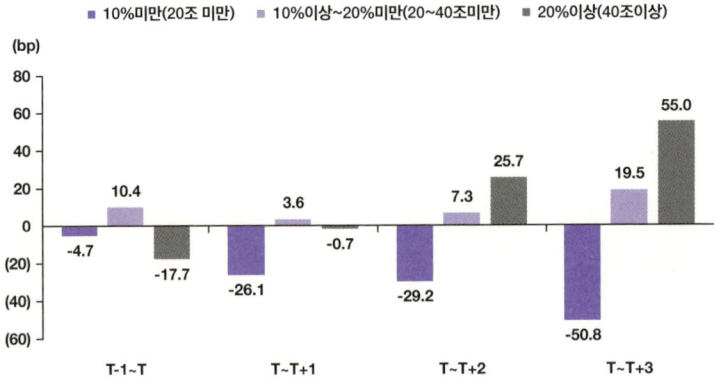

추경 비중 케이스 별 국고 3년물 금리 변화량

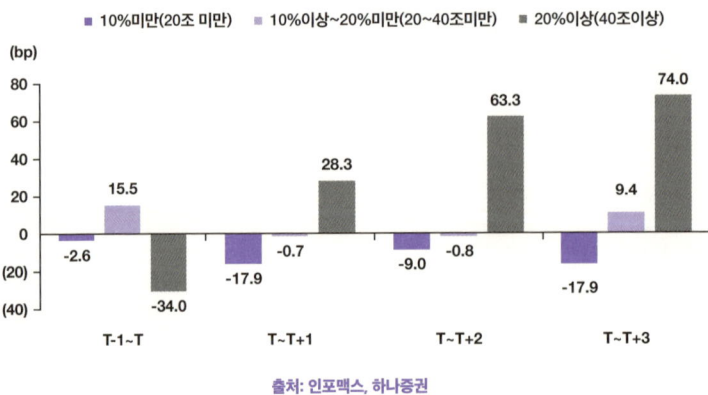

추경 비중 케이스 별 국고 10년물 금리 변화량

출처: 인포맥스, 하나증권

그러면 지금부터는 추경에 통화정책까지도 함께 고려해 보자. 10% 미만일 때 국고채 3년물 금리는 향후 3개월 뒤에 금리가 20bp 하락했고, 10년물은 17bp 하락했다. 30년물은 23bp 상승했다.

다음으로 10~20% 수준으로 추경이 단행되었을 때를 살펴보자. 국고채 3년물과 10년물 금리 모두 8bp 가량 상승했고, 30년물 금리는 11bp 상승했다.

마지막으로 20% 이상으로 추경이 집행되었을 때를 살펴봐야 하는데, 20% 이상 추경이 집행되었을 때는 공급량을 이렇게 늘려야 할 만큼 경기가 안 좋았고, 이는 통화정책도 금리 인하기였을 가능성이 높았을 것이다. 실제로 추경이 20% 이상인 경우는 모두 금리 인하기였어서 앞에서 다룬 통계치와 같은 결과가 나온다. 3년물은 55bp, 10년물은 74bp 급등했고, 30년물도 78bp 급등했다.

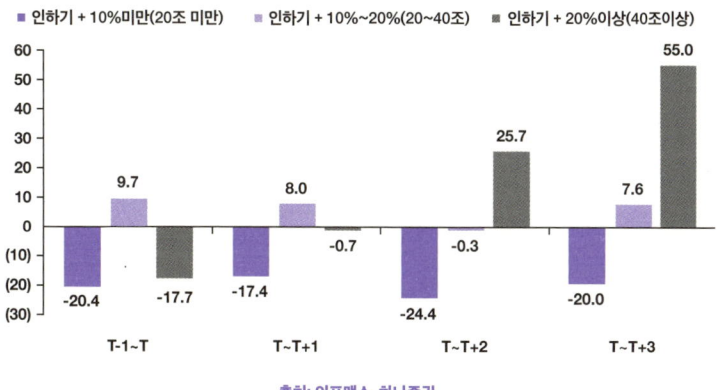

추경 비중 케이스 별 국고 3년물 금리 변화량
(금리 인하기만 포함)

출처: 인포맥스, 하나증권

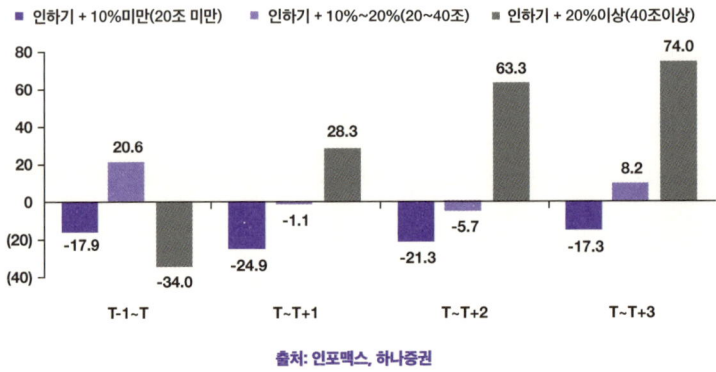

여기서 시사점은 공급 부담이 확실히 클 경우에는 중앙은행의 금리 인하가 동반된다는 것이다. 전체 추경 17차례가 10% 미만 8차례, 10~20% 6차례, 20% 이상이 3차례로 각각 구성된다면 금리 인하기 때는 모두 3차례씩으로 어느 한 쪽이 쏠리지 않았다. 단, 금리 인하기 때도 20% 이상 추경이 집행되면 베어스티프닝 장세를 모면하기 어렵다는 특징을 알게 되었다.

하지만 앞서 살짝 언급했듯이 추경 재료만으로 금리와 장단기금리차를 논하기는 어렵다. 예를 들어보자. 올해 한국은 금리 인하기에 놓여 있지만 몇 차례 얼마만큼 인하할 것인지에 따라 시장금리 레벨도 다를 수밖에 없다. 만약 향후에도 금리 인하기이긴 하나 한국은행이 1차례 금리 인하에 그친 가운데 추경이 집행된다면 금리는 어떻게 움직였을까?

2001년 이후로 25bp 한차례 금리 인하와 추경의 조합은 2차례 존재했다. 2013년과 2016년이다. 2013년에 추경 비중은 22% 정도로 20%를 상회했었고, 2016년에는 10% 정도의 비중이었다. 하지만 국고채 10년물 금리는 국회에서 추경이 확정된 일로부터 3개월 뒤에 79bp와 68bp 급등했다. 3년물 금리는 모두 39bp 가량 상승했다.

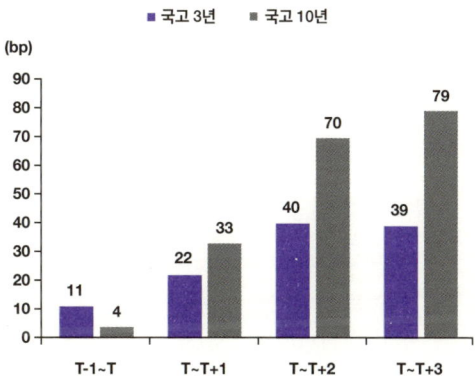

2013년 5월 추경 확정 후 장단기금리 추이

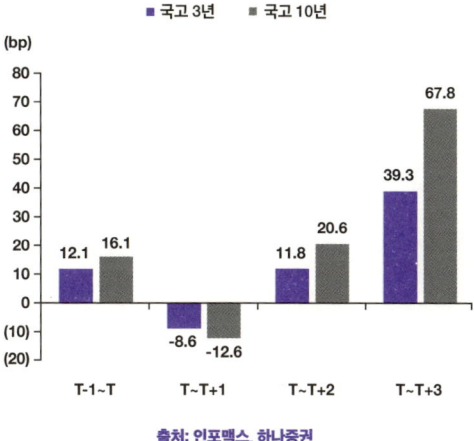

2016년 9월 추경 확정 후 장단기금리 추이

출처: 인포맥스, 하나증권

금리 인하기였고, 추경 비중이 모두 20%를 상회한 것이 아니었음에도 불구하고, 이렇게 베어스티프닝 장세가 명확하게 발생한 배경은 무엇일까? 바로 대외 요인 때문이다. 그리고 재정정책하고도 관련이 있다.

2013년 추경이 국회를 통과한 때는 5월이다. 하지만 그 시기에 추경보다 중요한 이벤트가 있었다. 바로 당시 연준 의장이었던 버냉키의 테이퍼 탠트럼Taper Tantrum * 이다. 2008년 글로벌 금융위기 이후 연준은 경기 부양을 위해 대규모 양적완화QE, Quantitative Easing를 시행하고 있었다. 양적완화는 미국 국채와 MBS 등을 대거 매입해 시중에 유동성을 공급하는 비전통적 통화정책이다.

> **테이퍼 탠트럼(Taper Tantrum)**
> 2013년 미국 연준이 양적완화(QE) 규모를 줄이겠다고 신호를 주자, 시장이 과민 반응해 금리가 급등하고 신흥국 통화와 자산가치가 급락한 사건이다. 2013년 5월 버냉키 연준 의장은 의회 증언에서 자산 매입 규모 축소를 뜻하는 테이퍼링(Tapering) 가능성을 언급했다.

그러다 2013년 5월 22일에 벤 버냉키 연준 의장은 의회 증언에서 연준이 앞으로 몇 차례 회의를 거쳐 양적 완화를 점진적으로 축소할 수 있다고 밝혔다. 이 발언으로 채권시장과 외환시장이 큰 변동성을 보였고, 신흥국 시장도 큰 충격을 받았다.

우선 이 발언의 의미를 해석하자면 연준은 QE를 통해 미국 국채와 MBS 등 대부분 만기가 긴 채권을 매입해 왔다. 그런 QE를 점진적으로 축소하겠다는 말은 장기국채의 큰 수요처인 중앙은행이 덜 사겠다는 뜻이고, 이는 공급이 일정할 때 수요가 줄어들면 가격이 하락하고, 금리가 상승하게 된다. 이에 미국 국채 10년물 금리는 1.6%에서 3.0%까지 빠르게 상승했다.

미국 국채 금리가 급등하자 수익률이 상대적으로 낮은 신흥국에서 미국으로 빠르게 자본이 이동하고 인도와 브라질, 터키, 남아공 등 신흥국 통화 가치가 평가 절하되는 현상이 동반됐다. 한국의 채권/외환시장도 비슷한 환경에 노출됐다.

2016년 추경은 9월에 국회를 통과했다. 하지만 이때도 미국 채권시장의 영향력을 무시할 수 없다. 11월은 바로 트럼프가 시장 예상을 뒤엎고 당선된 시점이다. 미국 국채 10년물 금리는 1.8%대에서 2.6%까지 급등했다. 11월 8일 대선 당일만 놓고 보면 당선이 유력해지자 아시아 장에서 안전자산 선호 심리로 10bp 이상 하락하기도 했다. 결국 확장재정정책이 더 크게 반영되면서 20bp 넘게 급등하는 등 일중 40bp에 달하는 변동폭을 기록하기도 했다.

한국 국채 10년물 금리도 트럼프 당선 이후 금리가 급등했다. 따라서 추경이 20% 미만인 경우에 한에서 추경 자체가 국고채 10년물 금리에 미치는 영향을 따로 살펴보고자 한다. 2013년의 경우에는 버냉키 테이퍼 탠트럼으로 미국 국채 금리가 급등한 뒤 반락하기 시작했을 때에도 국고채 금리가 추가로 상승했던 폭을 국내 영향으로 볼 수 있겠다. 2016년의 경우는 트럼프 당선 직전까지의 금리 상승 분을 추경 영향으로 간주할 수 있겠다.

종합하자면 추경이 연간 국채발행한도에서 차지하는 비중이 20% 미만일 경우 추경 자체가 장기물 금리에 미치는 영향은 대략 +8~9bp 수준으로 볼 수 있다. 단, 금리 인하기이지만 그 폭이 1회 정도에 그칠 경우에는 +13~17bp 정도까지 상승 폭이 확대될 수 있다는 점도 염두에 둘 필요가 있겠다. 물론 대외 장기물 상승 재료가 겹칠 경우, 또는 추경 비중이 20%를 상회하는 국내 재료가 겹쳤을 때는 적정 수준을 가늠하기 어려울 정도로 금리가 폭등할 수 있기 때문에 그 국면에서는 채권 투자를 잠시 쉬어갈 필요가 있겠다.

02 미국의 재정정책과 QRA 해독법

미국 재정정책도 살펴보자. 그중에서도 미 재무부가 매 분기(2월, 5월, 8월, 11월)에 발표하는 국채발행계획 QRA Quarterly Refunding Announcement 를 꼭 알고 넘어가야 한다. 이는 미국 정부가 기존 국채 만기 도래에 따른 차환 및 추가 자금 조달을 위해 국채를 어떻게 발행할지에 대한 공식 발표이기 때문이다.

QRA 목적은 정부의 자금 조달 계획을 투명하게 발표함과 동시에 국채 시장 참여자들이 향후 국채 수급 상황을 예측할 수 있도록 정보를 제공하는 것도 있다. 국채 유동성에 큰 영향력을 행사하는 재료 중 하나라고 생각하면 편하다.

좀 더 자세히 QRA에서 무엇을 확인해야 하는지 정리해 보자. 예를 들어 2월에 발표되는 1분기 QRA라면 첫째, 직전 분기인 4분기 차입 규모의 확정치를 알 수 있다. 이는 별로 중요하지 않다. 둘째, 1분기 차입 규모의 수정치를 알 수 있다. 셋째, 2분기 차입 규모 신규치를 제공한다. 통상 이 세 가지 중에서는 마지막 신규치가 시장에 가장 영향력이 있는 재료이다.

넷째, 3년물과 10년물, 30년물 등 주요 국채의 발행 규모 및 차환 규모를 공개한다. 다섯째, 단기국채(T-bill, 재정증권)와 장기국채(Coupon Bond, 이표채)를 구분해서 발행 계획을 발표하는데 최근 들어 시장 참여자들은 이 부분을 상당히 중요하게 보고 있다.

	2-Year	3-Year	5-Year	7-Year	10-Year	20-Year	30-Year	FRN
Nov-24	69	58	70	44	42	16	25	28
Dec-24	69	58	70	44	39	13	22	28
Jan-25	69	58	70	44	39	13	22	30
Feb-25	**69**	**58**	**70**	**44**	**42**	**16**	**25**	**28**
Mar-25	**69**	**58**	**70**	**44**	**39**	**13**	**22**	**28**
Apr-25	**69**	**58**	**70**	**44**	**39**	**13**	**22**	**30**

Sources of Privately-Held Financing in FY25 Q2

January - March 2025	
Assuming Constant Coupon Issuance Sizes[1]	
Treasury Announced Net Marketable Borrowing[2]	815
Net Coupon Issuance	451
Coupon Subtotal[3]	364

Sources of Privately-Held Financing in FY25 Q3

April - June 2025	
Assuming Constant Coupon Issuance Sizes[1]	
Treasury Announced Net Marketable Borrowing[2]	123
Net Coupon Issuance	505
Coupon Subtotal[3]	(382)

출처: 미 재무부

Sources of Privately-Held Financing in FY25 Q2

Security	January - March 2025 Coupon Issuance			Fiscal Year-to-Date Coupon Issuance		
	Gross	Maturing	Net	Gross	Maturing	Net
2-Year FRN	86	68	18	127	136	36
2-Year	207	126	81	414	251	163
3-Year	174	150	24	348	316	32
5-Year	210	100	110	420	196	224
7-Year	132	68	64	264	138	126
10-Year	120	53	67	240	112	128
20-Year	42	0	42	84	0	84
30-Year	69	3	66	138	7	131
5-Year TIPS	0	0	0	46	39	7
10-Year TIPS	38	40	(2)	55	40	15
20-Year TIPS[4]	0	27	(27)	0	27	(27)
30-Year TIPS	9	0	9	9	0	9
Coupon Subtotal	1,087	636	451	2,190	1,262	928

Sources of Privately-Held Financing in FY25 Q3

Security	April - June 2025 Coupon Issuance			Fiscal Year-to-Date Coupon Issuance		
	Gross	Maturing	Net	Gross	Maturing	Net
2-Year FRN	86	68	18	258	204	54
2-Year	207	126	81	621	377	224
3-Year	174	134	40	522	449	73
5-Year	210	125	85	630	321	309
7-Year	132	64	68	396	202	194
10-Year	120	50	67	360	163	197
20-Year	42	0	42	126	0	126
30-Year	69	0	66	207	7	200
5-Year TIPS	46	32	0	92	71	21
10-Year TIPS	18	0	(2)	73	40	33
20-Year TIPS[4]	0	0	(27)	0	27	(27)
30-Year TIPS	0	0	9	9	0	9
Coupon Subtotal	1,104	599	505	3,294	1,861	1,433

그 이유는 미국의 재정적자와 연관이 있다. 미 연방정부의 재정적자가 확대되면서 자금 조달에 대한 필요성이 커진 상황이다. 이 상황에서 옐런 전 재무부 장관은 1년 미만 T-bill을 활용하는 방안을 강

구했다. 이 방법이 가능했던 이유는 연준 대차대조표 부채 계정에 있는 역레포 잔고가 2조 달러를 상회할 만큼 많았기 때문이다.

MMF(머니마켓펀드)는 통상 1년 미만 국채 수익률과 연준 역레포 계정에 돈을 맡겨 받을 수 있는 이자를 비교하고 투자를 한다. 이때 T-bill 공급을 늘려 가격이 하락하고 금리가 상승하게 되면 역레포에 넣어뒀던 대규모 자금들이 T-bill 매수를 위해 밖으로 빠져나오게 된다.

하지만 현재 역레포 잔고는 1천억 달러 부근에서 등락을 반복하고 있어 곧 고갈이 우려된다. 또한, 베센트 재무부 장관은 옐런의 방식을 비판하기도 했다. 물론 2월 초 1분기 QRA에서 몇 분기 동안 이표채 발행 수준을 유지할 것이라 밝혔고, 10년물 국채 금리를 관리하겠다는 발언을 내놓았기 때문에 단기적으로 급변할 위험은 다소 낮아진 상황이다.

그럼에도 향후 미 재무부의 공급 관련 정책은 장기국채를 구성하는 텀 프리미엄을 자극할 수 있기 때문에 분기마다 신경 써서 살펴봐야 할 중요한 재료이다. 계절성도 알고 있으면 미국의 재정정책 패턴을 이해하는 데 도움이 될 것으로 사료된다. 2015년 이후 10년간 전 분기 대비 차입 규모 증감 패턴을 살펴보면 2분기는 1분기 대비 항상 감소했다. 4월이 미국 납세 기간이기 때문에 세수가 걷히니 채권 발행을 통해 차입할 니즈가 감소하기 때문이다. 과거 10년간 1분기 총차입 규모 평균치는 467B, 2분기는 150B(전체 차입 규모가 순상환이었던 4개 연도 제외)이었다. 1분기 대비 2분기 차입 규모 변화량은 평균

−392B이었다.

    2분기 대비 3분기는 직전과 정반대로 항상 증가한다. 평균적으로 2분기 차입 규모는 150B이었고, 3분기 평균 차입 규모는 401B이었다. 이에 평균 352B 증가했다. 4분기는 평균 551B 규모를 차입했는데, 이에 3분기 대비 4분기에 평균 149B 감소했다. 단, 2개 연도(2021년과 2024년)는 감소한 적도 있다. 4분기 대비 이듬해 1분기에는 10차례 중 6번이 감소했고, 4번이 증가했다. 평균적으로 4분기 대비 1분기에 −21B 감소했다.

    2015년 이후 10년 동안 이표채(Coupon Bond) 비중도 살펴보자. 1분기에 69%, 2분기 355%(T-bill이 순상환인 경우가 많기 때문), 3분기 114%, 4분기 63%로 3분기 때 충격이 큰 편이다.

    복잡한 숫자임에도 불구하고, 예측할 때 유용하게 쓰이는 적도 적지 않다. 올해 2분기 차입 규모를 예측한 적이 있는데, 과거 10년 2분기 평균 차입 규모인 150B에 과거 10년 이표채 평균 발행 비중인 355%를 곱하면 535B가 나오게 된다. 이는 이번에 재무부가 발표한 505B 실제 수치가 꽤 근사한 수준이다. 이를 통해 다음 분기에 발표될 이표채 차입 규모를 추정해 보는 것도 채권 투자에 도움이 될 것이다.

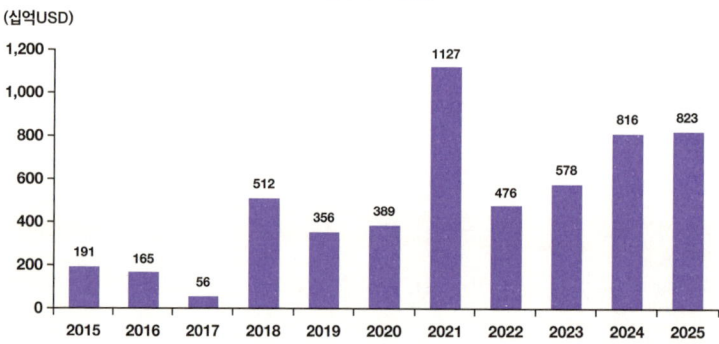

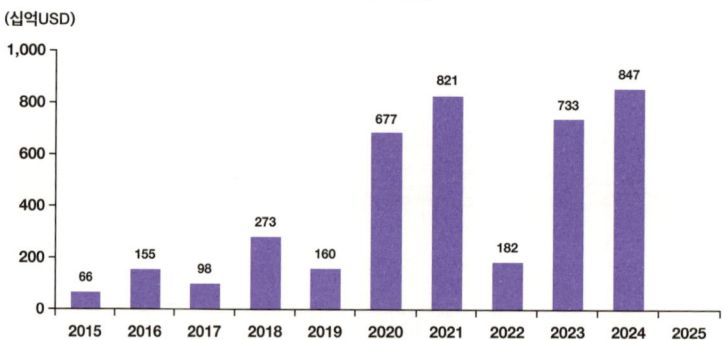

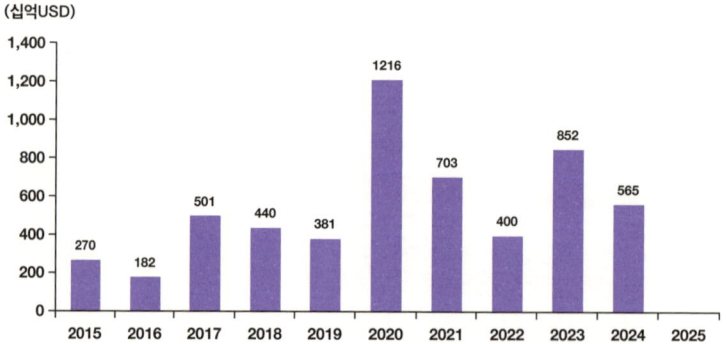

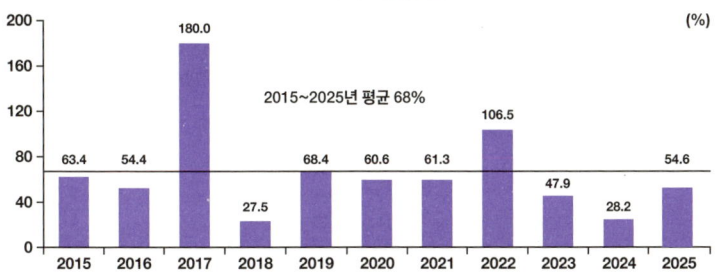

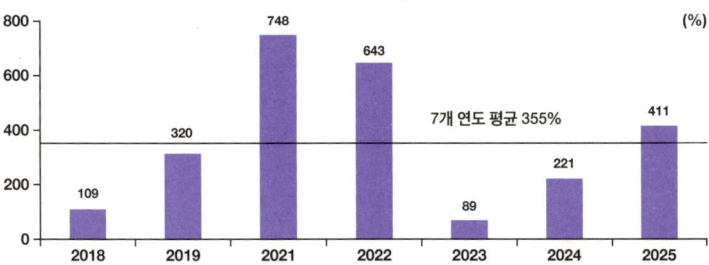

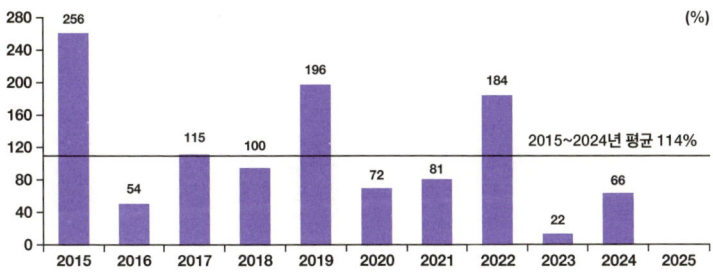

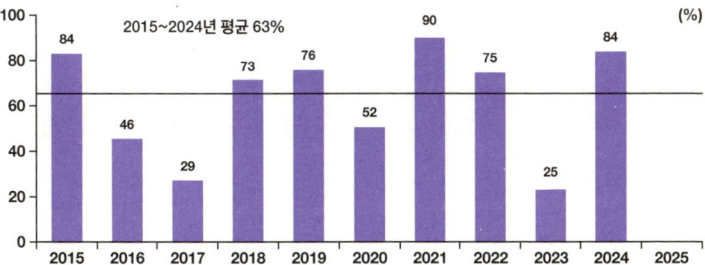

7장 재정정책 파헤치기 239

텀 프리미엄의 의미와
활용법

03

텀 프리미엄과 관련해서는 연준 홈페이지를 들어가 볼 필요가 있다. Home 〉 Economic Research 〉 FEDs Notes 〉 2019에 들어가도 되고,

6. Data release

Beginning with the publication of this Note, we will provide monthly updates of model decompositions of the 5-year, 10-year, and 5-to-10-year nominal Treasury yields and inflation compensation up to the last business day of the previous month. In general, we will endeavor to have the updated series posted sometime after 10:00 a.m. on the fourth business day of each month. Because this is a staff research product and not an official statistical release, it is subject to delay, revision, or methodological changes without advance notice.

The latest estimates will be posted as a comma-separated values (CSV) file at the URL https://www.federalreserve.gov/econres/notes/feds-notes/DKW-updates.csv. As of this publication, daily data are available for the period from January 3, 1983 to January 31, 2025.

출처: Fed

인터넷에 Tips from TIPS라고 검색하면 DKW 모델을 소개하는 페이지를 볼 수가 있다. 해당 화면 하단 부에 6. Data release를 보면 링크가 있다. 여기서 국채 금리를 구성하는 요소들의 실제 수치들을 받아볼 수 있다.

텀 프리미엄이 중요한 이유는 명확하다. 첫째, 2025년 들어 미국 국채 10년물 금리가 4.8%까지 상승했을 때 10년물 구성요소 중에 어떤 항목이 가장 크게 기여했는지 찾아보자. 바로 텀 프리미엄이다. 텀 프리미엄이 금리 상승 분의 50% 가량 기여했다.

둘째, 채권시장뿐만 아니라 주식이나 코인 등 위험자산 시장 참여자들도 2025년 들어 미국 국채 10년물 금리 4.50% 수준을 눈여겨보기 시작했다. 채권시장 참여자들 입장에서는 분할 매수 레벨로, 위험자산 시장 참여자들 입장에서는 조정 가능성이 높은 재료로 인식하기 시작했다.

단, 이 책을 읽은 사람이라면 이번 시장은 지나갔고, 다음에 또 텀 프리미엄이 핵심이 될 때 DKW 모델을 가지고 본인만의 적정 레벨을 구해볼 수 있을 것이라 믿어 의심치 않는다. 필자 역시 2024년 11월 대선 전에 트럼프 당선과 레드스윕*이 발생하더라도 적정 상단을 4.5%로 제시한 바 있었는데, 이는 다른 조건이 동일하다고 가정했을 때 텀 프리미엄 수치를 2023년 10월 고점(당시 미국 국채 10년물은 장중에 5.0%를 일시 상회)을 적용해 산출한 수치였기 때문이다.

또는 앞으로 기대인플레이션이, 아니면 실질금리가 미국 국채 금리에 중요한 요인이 될 수 있다. 그때마다 당시 상황과 가장 유사한

국면의 수치들을 활용해 분할 매수와 분할 매도 레벨을 구해보면 분명 도움이 될 것이다.

> **레드스윕(Red Sweep)**
> 미국 연방 선거에서 공화당이 대통령직과 의회 양원을 동시에 차지하는 상황을 의미한다.

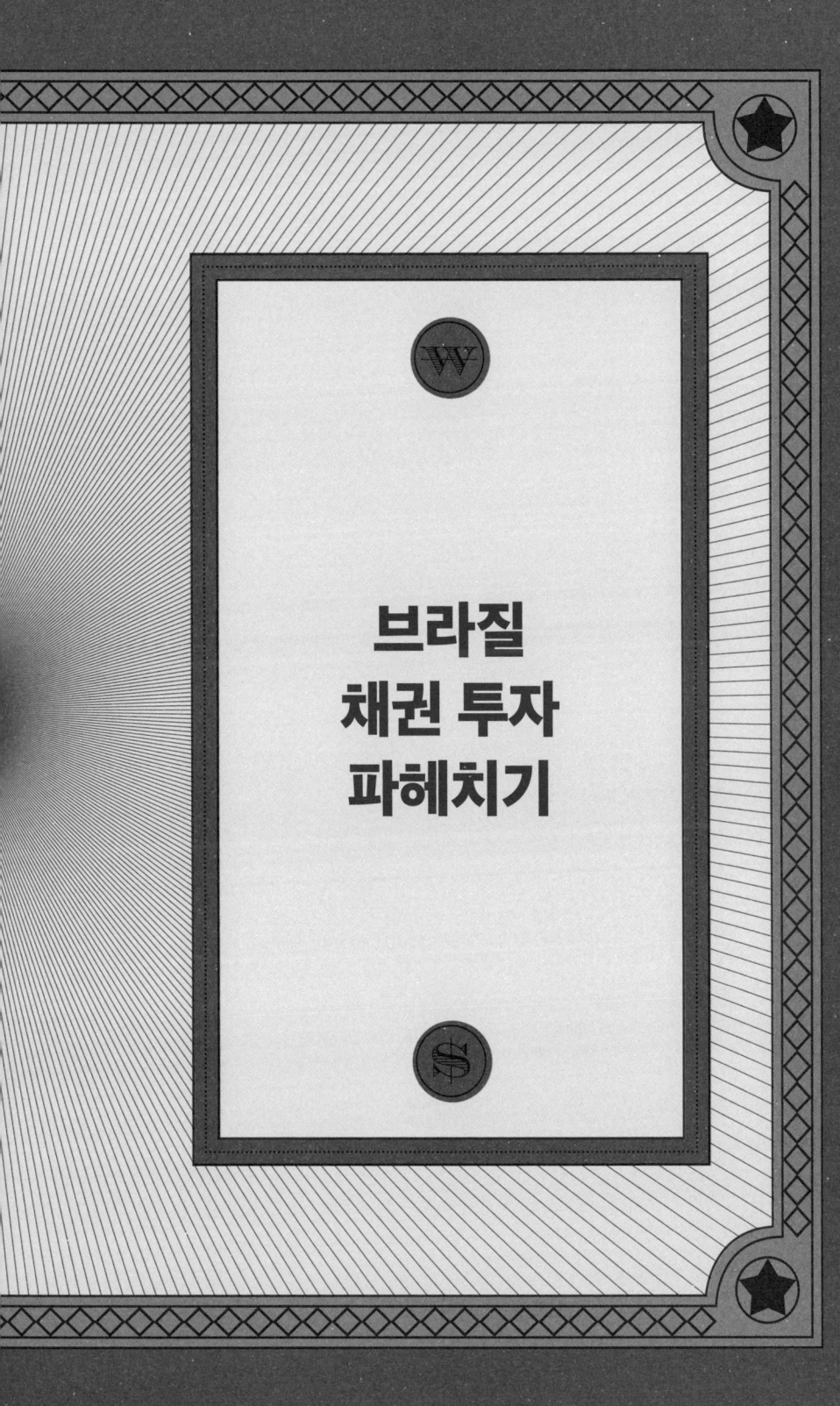

브라질 채권 투자 파헤치기

01 브라질 채권이 인기 있는 이유

 브라질 채권은 국내 개인투자자들에게 인기가 많은 대표적인 금리상품이다. 브라질 채권에 투자하는 이유로는 증권사를 통한 접근성이 용이하다는 점 외에도, 연 10%를 넘는 높은 이자율과 국제조세협약 덕분에 한도 없는 비과세 혜택(금융소득종합과세 대상에서도 제외)을 받을 수 있다는 점을 들 수 있다.

 또한, 브라질 통화인 헤알화의 가치가 상승하거나(통화절상), 국채 금리가 하락할 경우에는 큰 시세 차익까지 기대할 수 있어 이러한 요소들이 개인투자자들을 끌어들이는 요인으로 작용해 왔다. 하지만 실제로 브라질 채권에 투자한 개인투자자들의 성과가 이러한 기대만큼 좋았는지는 따져볼 필요가 있다. 참고로 브라질 채권의 수익은 이자수익, 평가수익, 환차익 세 가지 요소로 구성된다. 그리고 이 세 가지가 어떻게 작용하느냐에 따라 투자 성과는 크게 달라질 수 있다.

실전 투자 전략 02

환율이 핵심이다

브라질 10년물 국채 금리와 헤알화 환율 추이

출처: Bloomberg

위 차트를 살펴보면 지난 10년간 브라질의 10년물 국채 금리와 헤알화 환율 추이를 한눈에 확인할 수 있다. 이 기간 동안 헤알화 가치는 대략 50% 평가절하되었으며, 이는 미국 달러화 대비 약세를 보였다는 의미이다. 즉, 헤알화 가치가 반토막 난 셈이다.

예를 들어 미국 달러화를 보유한 투자자가 브라질 헤알화로 환전한 후 10년 동안 해당 자산을 보유했다고 가정해 보자. 만기 시점의 헤알화 환율이 6이라고 할 때, 투자 시뮬레이션을 통해 다음과 같이 투자 성과를 계산할 수 있다.

그 전에 해외 채권 투자의 손익을 쉽게 계산하기 위해서는 ① 투자 시점에 어떻게 환전했는지 ② 보유기간 동안에 이자수익과 평가손익이 어땠는지 ③ 만기 혹은 매도 시점에 어떻게 환전했는지 순서대로 고려하는 방법을 권한다. 단, 다음 시뮬레이션에서는 직관적인 이해를 돕기 위해 이자 재투자 효과와 채권 듀레이션 감소 효과는 제외하고 계산했다.

만기 보유 시뮬레이션

> 예시 ① 2015년 3월에 브라질 국채에 투자한 경우

1. 투자 시작 시점(2015년 3월)

당시 USD/BRL 환율은 3.0 헤알이었고, 브라질 10년물 국채 금리는 12%였다. 이와 같은 환경에서 투자를 시작해서 10년 만기까지 보유했다면, 만기 시점의 환율을 6.0 헤알로 가정한 만큼 환차손으로 인

해 절반 가까운 손실이 불가피해 보인다. 하지만 연 12%의 이자는 10년간 꾸준히 받게 된다. 이자 수익과 환율 변동이 서로 반대 방향으로 손익에 영향을 미치기 때문에, 전체 수익률을 간단히 계산할 수 있는 감각이 중요하다.

2. 기초 가정 및 계산

· 투자금액 USD 1,000만 → BRL 3,000만(환율 3.0 기준 환전)

1천만 달러를 보유하고 있던 개인투자자가 2015년 3월의 환율로(1 달러당 3 헤알) 환전했다면 3천만 헤알화를 수중에 가지게 된다. 그리고 3천만 헤알은 브라질 10년물 국채를 매수하는데 사용했다고 가정한다.

· 이자수익: 연 12% × 10년 → BRL 3,600만

이자는 1년에 투자금액의 12%인 360만 헤알씩 받게 되는데, 10년 만기까지 투자를 가정했으니 총 이자 금액은 3,600만 헤알이 된다. 여기서 우리는 투자한 자산의 10년 후 가치를 함께 구해야 한다. 10년 후의 헤알화 자산가치는 투자원금 3,000만 헤알과 이자수익 3,600만 헤알을 합친 6,600만 헤알이 된다. 이를 산식으로 표현하면 다음과 같다.

투자금액(3,000만 헤알) × (1[원금] +12%[이자] × 10[년]) = 6,600만 헤알

· 만기 시점 환산

마지막으로 USD달러로 다시 환산을 해야 한다. 당연히 만기 시점의 환율인 USD/BRL=6 기준으로 환전을 하게 된다. 총 자산 6,600만 헤알을 6으로 나누면 1,100만 달러를 받게 된다. 즉 브라질 국채를 10년간 보유한 결과 10%의 수익만 난 셈이다. 공식으로 표현하면 다음과 같다.

$$(1 \text{ 원금} + 12\% \text{ 이자} \times 10 \text{ 기간}) / (6/3) = 1.1$$

결과적으로 손실은 피했지만, 투자 당시 기대했던 높은 수익률에는 미치지 못한 것이다. 높은 금리를 보고 진입했지만, 환율 리스크가 그만큼 성과를 상쇄시킨 대표적인 사례라 할 수 있다.

> **예시 ②** 2016년 3월에 브라질 국채에 투자한 경우

1. 투자 시작 시점 (2016년 3월)

당시 USD/BRL 환율은 3.8 헤알이었고, 브라질 10년물 국채 금리는 15.5%였다.

2. 기초 가정 및 계산

- **투자금액 USD 1,000만 → BRL 3,800만(환율 3.8 기준 환전)**

1천만 달러를 보유하고 있던 개인투자자가 2016년 3월의 환율로(1달러당 3.8 헤알) 환전했다면 3,800만 헤알화를 수중에 가지게 된다. 그리고 3,800만 헤알로 브라질 10년물 국채를 매수했다고 가정한다.

- **이자수익: 연 15.5% × 10년 → BRL 5,890만**

이자는 1년에 투자금액의 15.5%인 589만 헤알씩 받게 되는데, 10년 만기까지 투자를 가정했으니 총 이자 금액은 5,890만 헤알이 된다. 여기서 우리는 투자한 자산의 10년 후 가치를 함께 구해야 한다. 10년 후의 헤알화 자산가치는 투자원금 3,800만 헤알과 이자수익 5,890만 헤알을 합친 9,690만 헤알이 된다.

- **만기 시점 환산**

마지막으로 USD달러로 다시 환산을 해야 한다. 당연히 만기 시점의 환율인 USD/BRL=6 기준으로 환전을 하게 된다. 총 자산 9,690만 헤알을 6으로 나누면 1,615만 달러를 받게 된다. 즉 2016년 3월에 투자해 만기까지 10년간 보유했다면, 61.5%의 수익을 거둔 셈이다. 산식은 다음과 같다.

$$(1 + 15.5\% \times 10) / (6/3.8) = 1.615$$

하지만 개인투자자가 만기까지 보유하지 않고, 중간에 브라질 국채를 매도한다고 가정하면 계산 방식은 조금 더 복잡해진다. 채권의 평가손익을 계산해야 하기 때문이다.

1년 보유 시뮬레이션

1. 투자 시작 시점(2015년 3월)

투자 시작 시점인 2015년 3월의 USD/BRL 환율은 3.0 헤알이었고, 브라질 10년물 국채 금리는 12%였다. 즉, 1천만 달러를 보유한 개인 투자자는 환전 금액인 3천만 헤알로 브라질 국채를 매수하게 된다.

2. 기초 가정 및 계산

다음으로 우리는 1년 후의 투자 자산가치를 계산해야 한다. 단, 여기서는 ① 원금과 ② 이자수익 외에도 ③ 평가손익까지 고려해야만 한다. 투자 시점의 브라질 국채 금리는 12%였지만 매도 시점의 국채 금리는 15.5%까지 상승했기 때문이다.

① 원금: 3,000만 헤알

② 이자수익: 투자금액(3,000만 헤알) × (1[원금] +12%[이자]) × 1[년]) = 360만 헤알

③ 평가손익: 투자금액(3,000만 헤알) × (+350bp[금리상승분]) × 10[듀레이션] × (-1)= -1,050만 헤알

앞서 배운 산식대로 '듀레이션*금리변동분'을 대입하면 35%의 손실이 발생함을 알 수 있다.

따라서 총 자산가치는 ① + ② + ③ = 2,310만 헤알이 된다.

· **만기 시점 환산**

마지막으로 달러로 다시 환산을 해주어야 한다. 1년 후 매도 시점의 환율이 USD/BRL=3.8이기 때문에 2,310만 헤알을 3.8로 나누면 투자자는 608만 달러를 받게 된다. 결국 1년 후에 매도한 결과 39.2%의 손실이 발생한 셈이다.

이처럼 보유 중인 채권 상품의 금리가 단기간에 상승하면, 채권 가격은 크게 하락해 손실이 커질 수 있다. 하지만 만기와 이자율이 고정된 채권의 특성상, 만기까지 보유한다면 첫 번째 예시에서 보았듯 손실을 회복하고 수익을 낼 가능성도 존재한다.

요점정리

브라질과 같이 환율 변동성이 큰 국가에 투자를 하기 위해서는 해당 국가의 외환건전성에 대해서도 심도 깊은 학습을 한 이후에 투자하는 것이 바람직하다. 위에서도 살펴봤듯이 투자 시점이 조금만 어긋나면 헤알화 가치하락에 따른 외환차손이 단기간에 커지게 되고 투자자로서는 큰 손실에 직면하게 되기 때문이다. 따라서 브라질 국채에 투자하기 위해서는 브라질의 주력 수출 품목들인 원자재의 가격과 외환건전성, 브라질 국내 정치, 연금개혁과 같은 정부의 재정건전성 등에 주목해야 한다. 즉, 고금리보다는 환 가치에 영향을 줄 수 있는 요인들에 주목하면서 투자 시점을 포착하는 것이 매우 중요하다.

브라질 통화정책
이해하기

03

그렇다고 금리 요인이 중요하지 않다는 것은 아니다. 브라질 중앙은행의 통화정책 특징도 알고 있어야 한다. 우리는 2001년 이후 브라질의 기준금리 인상기와 인하기를 각각 7차례씩 경험했다(현재 금리 인상 사이클을 포함하면 인상기는 8차례). 통상 금리 인상기보다 인하기가 더 오래 지속되었는데, 기준금리 첫 인상부터 인상 종료까지 평균 12개월이, 기준금리 첫 인하부터 종료까지는 평균 17개월이 소요됐다.

반면, 최종금리(terminal rate, 기준금리를 가장 높은 수준까지 인상하거나 가장 낮은 수준까지 인하했을 때를 뜻함) 도달 이후 금리 동결 국면은 상대적으로 짧았다. 기준금리 인상기에서 최종금리에 도달 후 첫 인하 직전까지는 평균 6개월 동안 동결 기조를 이어갔고, 기준금리 인하기에서 최종금리에 도달한 뒤 첫 인상 직전까지는 평균 5개월 간 동결 기조를 지속했다. 이는 브라질의 통화정책 변화가 다른 나라 대비 빠르고, 크다는 점을 시사한다.

최근 브라질 중앙은행 설문조사-BCB Focus Survey에 따르면 시장 참여자들의 최종금리 눈높이는 15.00%으로 형성되어 있다. 브라질 물가 상승률이 중앙은행의 인플레이션 목표치 상단까지 안정화되어야 하겠지만 현재 브라질의 기준금리 수준은(15.00%) 이번 금리 인상 사이클의 막바지 국면이라고 간주할 수 있겠다.

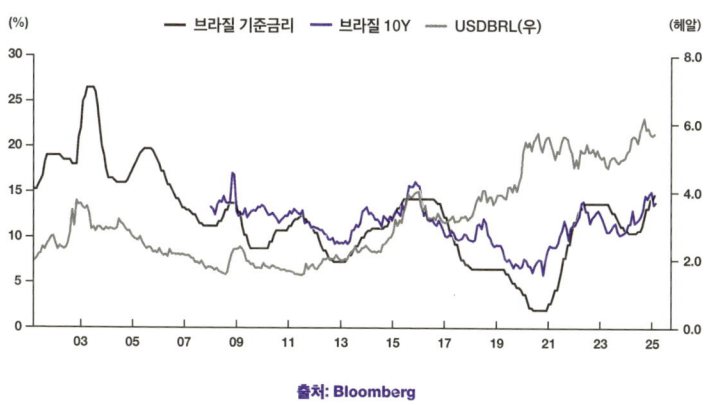

출처: Bloomberg

그렇다면 과거에 브라질이 최종금리까지 기준금리를 인상한 뒤에 동결 국면, 나아가 금리 인하기로 접어들 때 10년물 국채 금리와 헤알화는 어떤 흐름을 보였는지도 공부할 필요가 있겠다.

2008년 이후 브라질은 최종금리까지 금리를 인상한 뒤 동결기를 가졌던 적이 4차례 존재한다. 당시 10년물 국채 금리는 평균적으로 150bp 이상 하락했다. 당연히 금리 인하기를 시장이 선반영했기 때문이다. 반면, 투자 수익의 큰 축을 담당하는 환율, 헤알화도 같은 기간에 달러화 대비 평균 2.2% 하락하면서 강세를 보였다.

하지만 브라질이 기준금리 인하기에 접어들고 나서는 헤알화가 대부분 달러 대비 약세 흐름을 보인 것이 사실이다. 기준금리 인상기에는 고금리라는 이점이 외국 자본 유입을 견인했지만 금리 인하기에는 캐리트레이드 매력이 상대적으로 낮아졌기 때문이다. 하지만 "금리 인하는 곧 헤알화 약세"라고 받아들이면 큰 오산이다. 총 7차례 기준금리 인하기 중에 2차례에서는 헤알화가 오히려 강세를 보였기 때문이다(2005~2007년과 2009년). 그리고 두 시기의 공통점은 실질금리가 높았고, 국제 원자재 가격이 상승 국면이었다는 것이다. 따라서 향후 브라질이 금리 인하기로 접어든다면 이 두 가지 지표를 꼭 확인할 필요가 있겠다.

출처: Bloomberg

물론 2005~2007년에는 실질금리(명목금리에서 인플레이션을 차감)가 하락하면서 브라질 경제 체력의 둔화를 시사하기도 했다. 하지만 글로벌 주요국이나 중남미 국가의 실질금리와 비교했을 때 여전히 매력적인 수준이었기 때문에 해외 자본이 유입되었고, 헤알화도 강세를 시현한 것으로 풀이된다. 2009년에는 미국을 포함한 주요 선진국 중앙은행들이 양적완화(QE)라는 비전통 통화정책을 펼쳤는데, 이로 인해 생긴 초과 유동성이 실질금리가 높은 브라질로 유입되면서 헤알화 강세를 주도했다.

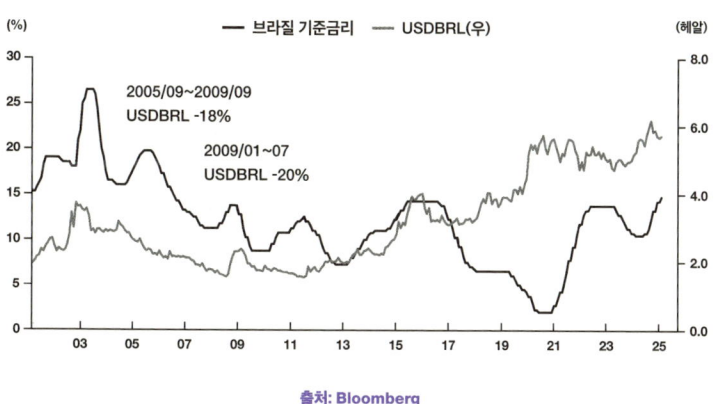

출처: Bloomberg

국내 개인투자자 입장에서는 브라질 채권을 투자할 때 고금리도 중요하지만 환율이 가장 중요한 변수인 만큼 원화와 헤알화를 종합적으로 고려해야 한다. 원/헤알(KRW/BRL) 환율은 원화와 헤알화 간 상대가치를 나타내는 만큼 한국과 브라질의 경제여건과 통화정책 기조, 지정학적 리스크 등이 모두 변수로 작용할 수 있다.

우리가 현재 직면한 트럼프 2기는 "미국 달러화 약세+비미국 통화 강세"를 유도하는 정책을 꾀하고 있다. 실제로도 우리는 제2의 플라자 합의 뉴스 보도들을 쉽게 접하고 있다. 단, 이는 원화와 헤알화 모두에게 강세 요인이다. 따라서 투자 시점의 양국 간 금리차와 무역수지, 정치 리스크, 글로벌 자금 유입 방향성을 살펴봐야 한다.

1) 양국 간 금리차는 환율에 중요한 변수로 작용한다. 과거 기준금리 차이와 BRLKRW 간 방향성을 분석해 보면 기준금리 격차가 확대되더라도 헤알화에 미치는 영향은 제한적이었다. 다만, 양국의 실질금리 차이가 확대될 때(브라질 실질금리 > 한국 실질금리)는 원/헤알 환율이 평균 10.6% 상승하며 헤알화가 강세를 나타냈다. 반대로 실질금리 격차가 축소되었을 때는 원/헤알이 평균 9.8% 하락하면서 원화가 강세를 시현했다. 즉, 향후 브라질과 한국 간 실질금리 차이의 방향성을 주목해야 한다.

2) 무역수지도 환율에 중요한 역할을 해왔다. 브라질과 한국의 전년 대비 무역수지 개선 여부 또는 개선 폭에 따라 양국의 통화가치도 달라지기 때문이다. 양국이 모두 무역수지가 개선되었을 시기에는 원화가 더 큰 폭의 강세를 나타냈던 반면, 양국의 무역수지가 모두 악화되었을 때는 헤알화가 상대적으로 강세를 보인다는 특징이 발견할 수 있다. 물론 무역수지가 브라질만 개선될 때는 헤알화가, 한국만 개선된 경우에는 원화가 상대적으로 강세를 나타내는 것은 당연한 이

치이다. 즉, 향후 양국의 무역수지 개선 여부와 폭이 헤알화와 원화의 상대적 우위를 가늠할 수 있는 잣대가 될 전망이다.

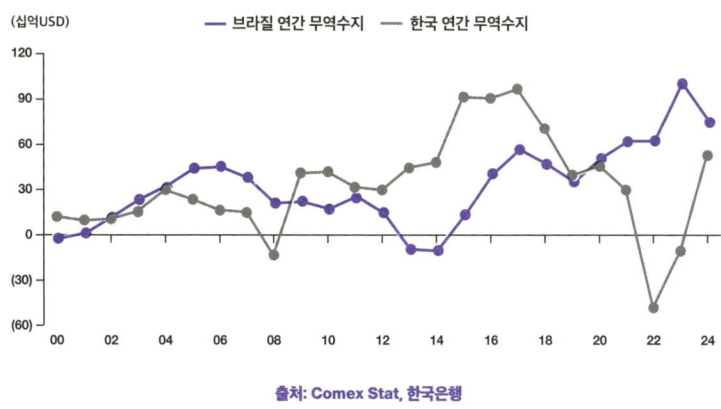

3) 마지막으로 대선 이벤트도 환율을 좌지우지하는 만큼 브라질 대선 직전의 원/헤알 환율 흐름이 어땠는지 알아볼 필요가 있다. 브라질 대통령 선거는 2000년 이후 총 6차례 실시됐다. 4년마다 10월 첫째 일요일에 1차 투표를 실시하며, 과반 미달 시 3주 뒤 결선 투표를 진행한다. 과거 6차례 모두 결선 투표를 진행했다.

과거 6차례 대선 직전 1년간 원/헤알을 살펴보면 헤알화 대비 원화가 상대적으로 강세를 보였다. 그러나 그 1년 동안 환율은 널뛰기를 하며 헤알화와 원화 강세 국면이 뒤바뀌곤 했다. 이를 시기별로 구분해서 살펴보면 대선 직전 연도 말부터 대선 6개월 전까지는 헤알화가, 대선 6개월 전부터 1차 투표 당일까지는 원화가 상대적으로 강세를 띠었다.

  과거가 미래를 다 설명하고 예측할 수는 없다. 하지만 과거 6차례 대선 패턴을 감안하면 내년(2026년) 10월에 브라질 대통령 선거가 예정되어 있는 만큼 원/헤알 환율의 변동성 확대는 불가피할 것으로 예상된다. 그럼에도 룰라 정부가 내년 대선을 앞두고 재정지출 증가를 억제하고 부채비율 안정화를 위해 노력한다면, 헤알화의 상대적 약세를 제한하는 요인이 될 수 있다. 따라서 대선 공약과 이행 과정을 잘 파악하면서 투자 시점을 결정할 필요가 있다.

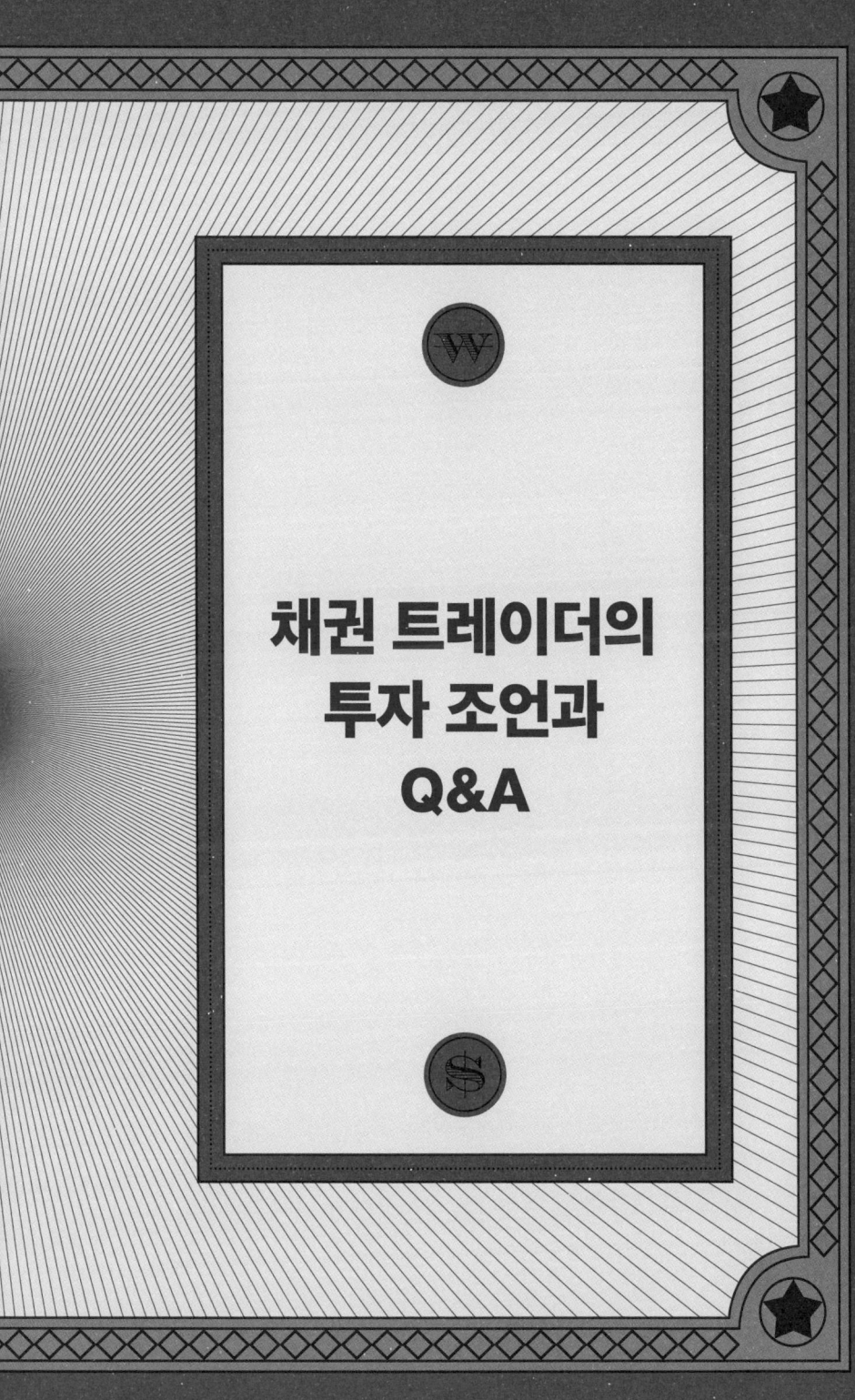

채권 트레이더의 투자 조언과 Q&A

01 채권 트레이더의 투자 조언

1. 개인투자자는 이길 수밖에 없다

기관투자가로서 자산을 운용할 때는 여러 가지 제약이 따릅니다. 첫 번째는 회사가 부여한 투자 목표를 반드시 달성해야 한다는 점입니다. 두 번째는 회사에 손실을 끼치지 않아야 하며, 동시에 잠재적인 손실을 유발할 수 있는 위험(리스크)을 적극적으로 관리해야 합니다. 마지막으로 금리가 높아도(채권 가격이 싸더라도) 채권을 매수하지 못하거나, 매력적인 투자 기회가 와도 투자에 나설 수 없는 상황에 종종 직면하게 됩니다. 이러한 상황은, 예를 들어 채권 트레이더가 속한 조직의 유동성이나 자금 사정이 좋지 않은 경우에서 자주 나타납니다.

반면, 개인투자자는 자신의 책임하에 투자를 할 수 있기 때문에 리스크 관리에서 비교적 자유롭습니다. 물론 투자의 책임과 손실은 본인에게 귀속되지만, 조달 금리라는 개념에 구속되지 않기 때문에(물론 기회비용이라는 개념이 적용됩니다), 기관투자자보다 더 긴 호흡을 갖고 장기 투자에 임할 수 있습니다.

예를 들어 2022년 '레고랜드 사태'를 떠올려 봅시다. 당시 전 세계는 인플레이션과 자산가격 버블을 억제하기 위해 기준금리를 급격하게 인상하고 있었습니다. 채권 트레이더들은 날마다 높아지는 조달 금리에 지쳐 있었고, 운용 중인 포트폴리오에서 발생하는 채권 평가 손실까지 더해져 큰 어려움을 겪고 있었습니다. 그런 와중에 레고랜드 사태가 터지면서, 회사채 전반에 대한 불안심리까지 확산되었습니다.

이때 1년물 은행채의 스프레드는 통안채 대비 100bp에 육박하기도 했습니다. 평소에는 20~30bp 수준에서 안정적으로 유지되던 스프레드가 이렇게까지 확대된 것은, 시장참여자들이 극심한 공포에 휩싸여 채권을 팔지 못해 안달이 났던 시기였다는 것을 의미합니다. 수많은 트레이더들은 은행이 망하지 않을 것이라는 사실을 알고 있었음에도, 회사나 고객(수익자)들이 리스크 축소를 원했기 때문에 어쩔 수 없이 은행채를 매도해야 했습니다.

하지만 그 시기에 개인투자자들은 오히려 저가에 채권을 매수하기 시작했고, 결국 상당한 수익을 거두는 결과를 얻었습니다. 또한, 기준금리 인상 국면에서는 조달 금리가 빠르게 상승하면서 원금 손실은 없어도 지속적인 역마진(수령 이자 〈 조달 비용) 속에서 손실이 누적되기 쉽고, 결국 손절매를 통해 실현 손실이 확정되는 경우가 자주 발생합니다.

그러나 개인투자자들은 설령 저금리 채권에 투자했다고 해도, 원금과 이자가 보장되는 이상, 기분은 나쁠 수 있지만 기회비용만 감수하면 됩니다. 디폴트(채무불이행)만 발생하지 않는다면, 끝까지 보유하는 것만으로도 만기 시에는 결국 이익을 실현할 수 있는 구조라는 점에서 개인의 투자 환경이 기관보다 더 유리할 수 있습니다.

2. 비싸도 사야만 하고, 싸도 팔아야만 하는 이유

개인투자자들이 자주 하는 질문 중 하나입니다. 자산을 불문하고 "이렇게 비싼 걸 왜 사요?", "이렇게 싼 걸 왜 파는 거죠?", "작전에 의한 움직임은 아닌가요?" 이러한 의문은 자연스럽지만, 트레이더의 세계에서는 꽤나 다른 논리가 작용합니다. 트레이더들은 자산을 단순히 사고파는 사람이기 이전에 임무가 부여된 회사원입니다. 그리고 그 임무는 다양합니다.

어떤 이는 장기적인 시야로 연금을 운용하고, 또 어떤 이는 초단타 매매로 수익을 추구합니다. 하지만 공통점은 모두가 정해진 전략과 목표 아래 움직인다는 것입니다. 이 임무 때문에 비싸도 사야 하고, 싸도 팔아야 하는 상황이 발생하는 것이죠. 그 구체적인 이유들을 살펴보겠습니다.

1) 벤치마크의 존재

연기금이나 펀드를 운용하는 기관 대부분은 벤치마크를 가지고 있습니다. 벤치마크는 운용 성과를 평가할 수 있는 기준이자 비교 대상입니다. 운용 성과가 벤치마크보다 뒤처지면, 포트폴리오를 벤치마크와 유사하게 맞춰야 합니다. 그래야 적어도 다음 날부터는 벤치마크 수준의 성과는 낼 수 있기 때문입니다. 이러한 기준을 맞추기 위해 채권을 비싸게 사야 하거나, 싸게 팔아야 하는 상황이 발생합니다. 성과보다는 구성 자체가 중요한 경우도 있기 때문입니다.

2) 자금 집행의 특성

채권 운용의 주체 중에는 공자기금, 건강보험공단, 각종 연금 및 공제회처럼 정부와 공공기관의 자금을 운용하는 곳들이 많습니다. 이들은 자금의 계절성에 따라 움직입니다. 세입이 발생하거나 국채가 발행되면 자금이 유입되고, 예산 집행에 따라 대규모 자금이 지출되기도 합니다. 이 자금은 조단위로 움직이기 때문에, 하루만 이자 수익을 놓쳐도 막대한 기회비용이 발생합니다. 그래서 자금이 들어오면 가격과 상관없이 채권을 먼저 매수하고, 자금이 빠질 때도 시장 가격과 무관하게 채권을 매도해야 합니다.

3) 추종 매매 전략

일부 운용기법은 가격이 오르면 비중을 더 늘리고, 가격이 내려가면 비중을 줄이는 추세 추종형 전략을 따릅니다. 이런 전략을 채택한 기관에서는 '비싸졌으니까 사야하고' '싸졌으니까 팔아야 하는' 일이 전혀 이상한 일이 아닙니다.

3. 트레이딩 플로어Trading Floor의 세계

필자가 직접 겪고, 여러 트레이더들과 인터뷰하며 느낀 내용을 바탕으로 솔직하게 담아보았습니다.

1) 탐욕과 공포가 오가는 공간

트레이딩 플로어는 일반적인 업종보다 더 큰 보상을 받을 수 있는 공간입니다. 하지만 반대로, 회사에 손실을 끼치는 순간 곧바로 자리에서 밀려날 수도 있는 냉혹한 세계이기도 합니다. 그래서 트레이더들은 수익을 내기 위해 때로는 탐욕에 물들고, 시장 급변 시에는 실직의 공포에 휩싸여 감정에 휘둘린 비이성적인 매매를 하기도 합니다. 극심한 스트레스와 자기 통제 상실은 흔한 일이며, 이 치열한 환경을 견디고 끝까지 살아남은 사람들만이 결국 보상받을 수 있습니다. 그러나 그 보상만큼이나 정신적, 신체적 고통도 만만치 않기에, 많은 트레이더들이 소진되거나 떠나기도 합니다.

2) 정답이 없다

트레이딩에는 명확한 정답이 없습니다. 어떤 상황에서는 빠르게 손절을 해야하고, 또 어떤 경우에는 묵묵히 버텨야 할 때도 있습니다. 때로는 시장 흐름을 따라가야 하고, 다른 때는 공포와 탐욕을 거스르며 역발상적인 선택을 해야 합니다. 정답은 늘 결과가 나온 후에야 알 수 있죠.

그래서 많은 이들이 시장에서 오래 살아남은 사람들을 존경하고, 그들의 말을 귀 기울여 듣습니다. 미국 주식시장에서 워런 버핏이나 레이 달리오의 발언이 주목받는 이유도 여기에 있습니다.

3) 치열한 경쟁

트레이더들은 끊임없는 경쟁 속에 놓여 있습니다. 성과가 좋은 곳에 자금이 몰리기 때문에, 회사도 수익자도 항상 더 잘하는 운용사를 찾습니다. 그 결과 회사 동료는 물론이고, 다른 운용사 트레이더들과도 비교되는 상황이 반복됩니다. 결국 생존을 위해선 누구보다 더 잘해야 한다는 압박 속에 살 수밖에 없고, 이 때문에 인간적인 관계는 점점 줄고, 성과 중심의 냉혹한 문화가 자리 잡기 쉽습니다.

02 채권 트레이더의 Q&A

1. 채권이란 무엇인가

Q. 채권과 주식은 무엇이 다른가요?

A. 채권은 원금이 보장되고, 만기까지 수익률이 확정되어 있다는 점이 주식과 다릅니다. 주식의 경우에는 초과수익을 낸다면, 배당 및 자사주 매입으로 초과수익의 과실을 향유할 수 있지만, 채권자는 채무자 수익의 과실을 함께 향유할 수 없습니다.

Q. 채권과 예금은 무엇이 다른가요?

A. 채권과 예금의 가장 큰 차이점은 시장성입니다. 예금은 중도해지 할 경우 확정된 수익률을 보장받지 못하지만, 채권의 경우 채권시장에서 현재의 시장 가격으로 매각이 가능합니다.

Q. 채권으로 돈을 벌 수 있나요?

A. 채권의 경우 확정 금리 상품이기에 주식만큼의 수익률을 기대하기 어려운 것은 사실입니다. 다만 장기채권, 레버리지 ETF, 부실채권 매입 등을 이용하면 통상적으로 생각하는 수익률보다는 높은 수익률을 달성할 수 있습니다.

Q. 채권에 투자하려면 어떻게 시작해야 하나요?

A. 가장 쉬운 방법은 모바일 및 인터넷, 가까운 곳에서 가입 가능한 증권사 계좌로 매입이 가능합니다.

2. 채권 가격과 금리의 관계

Q. 금리가 오르면 왜 채권 가격은 떨어질까요?

A. 채권과 예금은 시장성을 제외하면 유사하므로 예금으로 생각을 해보면 편합니다. 오늘 가입하면 1년 동안 5%의 수익률을 보장하는 예금이 있습니다. A는 오늘 100만 원을 가입했고, 이는 만기 시의 105만 원 가치가 될 것입니다. 다음날 갑자기 은행이 10%짜리 1년 예금을 출시했습니다. B는 다음날 10%짜리를 가입했고, 이는 만기 시 110만 원의 가치가 될 것입니다. A는 기분이 매우 나쁘겠죠. 이는 기분만 나쁜 것이 아니라, 단 하루 만에 1년 후의 5만 원의 손해를 본 셈이죠. 1년 후 5만 원의 가치만큼이 A 예금의

가치 하락분입니다. 채권으로 치면 채권 가격이 하락한 셈이 되겠네요.

Q. 채권에 투자했는데 왜 수익률이 (-)가 찍혀있나요?

A. 채권 가격 역시 마찬가지입니다. 조금 더 높은 금리에 살 수 있었는데 그러지 못했다면, 그 기분 나쁜 만큼이 가격에 반영된 셈이죠.

Q. 발행금리와 유통물 금리가 다른 이유는 무엇인가요?

A. 기준금리 및 예금금리는 변하지 않는 것으로 보이겠지만 채권의 시장금리는 대외 변수, 수급, 기대 등으로 인해 실시간으로 변합니다. 비록 그 포인트가 0.01%에 불과할지라도 항상 변하죠. 그 때문에 발행 당시의 시장금리와, 발행이 지나고 유통되기 시작하는 시점의 금리는 다릅니다. 마치 IPO를 막 마친 주식의 공모가격이 유지되지 않는 것과 마찬가지입니다.

Q. 채권 발행물량과 금리 및 가격의 관계가 궁금해요

A. 미국 장기채에 대한 관심이 많아지면서 재정적자, 국채발행과의 가격의 관계에 관한 질문이 많아졌습니다. 이는 공급이 많아져서 장기채권의 가격이 떨어지고, 이에 따라 금리가 오르는 것과 같습니다. 채권이 흔해진다면 가격이 당연히 떨어지겠죠.

3. 시장이란 무엇인가

Q. 채권시장이란 무엇인가요? 채권시장금리는 언제나 예측력이 있나요?

A. 주식시장과는 다르게 외환 및 채권시장은 기관투자가의 비중이 높습니다. 기관투자가들은 개인투자자들보다 실적 압박에 시달리고, 회사의 리스크 관리 하에 움직이기 때문에 보다 인내심이 적기도 합니다. 약간의 수익 창출 기회만 포착되어도 바로 뛰어들기 때문에 차익거래 기회는 거의 없다고 보면 됩니다. 그렇다고 시장의 왜곡이 없다는 뜻은 아닙니다. 기관투자가들 역시 사람이기 때문에 사람의 심리가 반영되어 움직이기도 합니다. 비록 요즘은 시스템 트레이딩, AI트레이딩도 활성화되어 있지만, 주된 의사결정 권자들은 모두 사람이기에, 시장이 과하게 움직일 때도 있습니다.

Q. 채권시장금리가 의미하는 바가 무엇인가요? 특히 시장금리가 기준금리를 하회하는 이유가 무엇인가요?

A. 시장금리의 경우 통화정책 및 재정정책에 밀접하게 영향을 받습니다. 미래 전망에 따라 시장 참가자들의 기대가 모여서 즉각적으로 반영하기 때문에 시장금리는 기준금리를 하회할 수도 있고, 상회할 수도 있습니다.

Q. 채권시장금리가 전문가들의 예측과 다르게 움직이는 이유가 무엇인가요?

A. 기관투자가들도 사람이기 때문에 언제나 시장은 예상보다 과도하게 움직이는 경우가 있습니다. 시장 참가자들이 공포에 물들면 뒤도 안 돌아보고 투매를 하면서 시장이 움직여서 금리가 급등하기도 하고, 탐욕에 사로잡히면 과열되어 금리가 급락하기도 합니다. 이는 나중에 시장의 조정 과정을 거치기도 하고, 때때로는 탐욕과 공포가 정당화되기도 합니다. 답지를 열어보기 전까지는 알 수 없지만, 참가자들의 심리적 쏠림은 더욱 큰 변동성을 만들어내게 됩니다.

Q. 시장금리는 왜 예상과 다르게 움직일까요?

A. 금리가 하락할 것으로 예상되는 이벤트를 앞두고, 실제로 그런 결과가 일어나도 하락하지 않고 반대로 가는 경우가 있습니다. 이는 시장 참가자들의 포지션과 심리가 이미 쏠려 있었기 때문인 경우가 많습니다. 주식이 오를 것으로 예상하여 모두 주식을 매수했지만, 추가로 매수할 사람이 없다면 더 오를 수가 없듯이 채권 역시 마찬가지입니다. 재료 소멸로 인해 반작용이 나타나는 경우입니다.

4. 기준금리와 시장금리의 차이

Q. 기준금리와 시장금리가 차이 나는 이유는 무엇일까요?

A. 기준금리는 금융기관이 중앙은행으로부터 차입하거나, 예치하면서 지불하거나 수령하는 이자의 기준이 되는 금리입니다. 다만, 시장금리는 위의 기준금리를 고려하여 향후 통화정책에 대한 예상과 전망이 녹아 있는 시장입니다. 향후 경기침체가 예상된다면 시장참가자들은 기준금리 인하를 고려하여 보다 비싸게 채권을 매수할 수도 있죠. 반대로 물가가 오를 거라 전망한다면 기준금리 대비해서 많은 이자수익을 주는 채권을 팔아 치워서 금리가 더 오를 수도 있습니다. 그래서 기준금리는 한참 하회할 수도, 한참 상회할 수도 있는 것이 시장금리입니다. 주식에도 향후 기대가 녹아 있어 현재의 영업이익보다 주가가 높게 형성되는 기업들이 있듯이 말이죠.

Q. 선도금리란 무엇일까요?

A. 선도금리란 사전적으로는 무위험 채권 금리와 시장금리를 기반으로 두 기간 간의 이자율 차이에서 나오는 미래시점의 금리라고 할 수 있습니다. 쉽게 설명하자면 현재의 시장금리를 구간별로 분해한 겁니다. 즉, 시장금리에 녹아 있는 미래의 금리라고 보면 됩니다. 기준금리가 2%, 1년채권이 1.5%라고 가정해 봅시다. 현재 2%에 자금을 차입하여 1년채권에 투자한다면 손실이 날 겁니다.

그럼에도 시장금리가 낮게 형성된 이유는 시장참가자들이 기준금리 인하를 기대하기 때문일 겁니다. 가령 1년 후에는 기준금리가 1%가 돼 있을 가능성이 높다고 보는 겁니다. 1년 후의 기준금리가 바로 선도금리라고 할 수 있을 것입니다. 선도금리를 구하는 식은 다음과 같습니다.

$$1 + r_L \times \frac{L}{360} = (1 + r_S \times \frac{S}{360}) \times (1 + f \times \frac{L-S}{360})$$

· f = 선도금리 · r_L, r_S는 각각 장기와 단기의 현물금리 · L, S는 각각 장기와 단기의 기간

다음은 블룸버그에서 산출한 3개월, 6개월, 9개월 후의 CD(91일물)의 금리를 현재의 IRS(이자율스왑) 커브를 통해 산출한 값들입니다.

이자율스왑(IRS) 커브를 통해 도출한 선도금리 예시

테너	역내 원 / 원IRS 곡선 (참조곡선)(스왑레이트)			
	스팟(%)	3개월(%)	6개월(%)	9개월(%)
1개월	2.83329	2.63344	2.52935	2.48344
2개월	2.83681	2.63648	2.53206	2.48589
3개월	2.84000	2.63933	2.53470	2.48826

[부록] 채권 트레이더의 투자 조언과 Q&A

Q. 기준금리가 내렸는데 왜 시장금리는 오르나요?

A. 개인투자자들로부터 가장 많이 받는 질문 중에 하나입니다. 이는 위와 마찬가지로 시장은 이미 기준금리 인하를 반영하여, 선제적으로 하락했기 때문이죠. 오히려 인하사이클에서 마지막 인하라는 믿음이 팽배해지면 그동안 쌓여왔던 롱(매수)포지션들을 정리하는 움직임으로 시장금리가 상승하는 경우도 종종 있습니다. 시장이 빠르게 움직인다는 것을 알려주는 반증이죠.

5. 단기채권과 장기채권

Q. 듀레이션을 왜 알아야 하나요?

A. 앞서 언급한 것처럼, 현재의 경기, 통화정책, 재정정책의 국면이 어디에 속하느냐에 따라 수익률 곡선이 다르게 움직입니다. 이에 따라서 투자 수익을 극대화하고 손실을 최소화하기 위해서는 듀레이션에 대해서 반드시 알아야 합니다.

Q. 단기채권의 가격 결정 요소, 언제 투자하면 좋나요?

A. 단기채권은 통화정책이 가장 큰 결정 요소입니다. 이에 따라 통화정책에 따라 물가가 올라서 기준금리가 인상될지, 물가가 내리거나 경기침체가 임박하여 기준금리가 인하될지 등에 주목하여 투자해야 합니다. 만기가 짧아 평가 손실이 금방 회복될 수 있기 때

문에 대체로 롱(매수)포지션으로 접근하는 것이 개인투자자에게는 유리합니다.

Q. 장기채권의 가격 결정 요소, 언제 투자하면 좋나요?

A. 장기채권의 경우에는 주식시장, 경기에 대한 전망, 재정정책에 따른 수급에 따라 결정됩니다. 만기가 길어서 평가손익이 크게 변동할 수 있으므로.

Q. 장단기 커브의 의미가 궁금합니다

A. 장단기금리에 대해서는 앞선 내용을 참고하면 좋지만, 간단히 설명해 보자면 단기금리는 통화정책, 장기금리는 재정정책 및 경기 전망에 따라 움직입니다. 단기금리가 내려간다는 것은 기준금리 인하가 예상된다는 뜻이고 장기금리가 내려간다는 것은 경기전망이 좋지 않아 주식 등의 자산보다 고정금리를 주는 채권이 선호된다는 뜻입니다. 이를 통해 장단기금리차가 축소된다면 경기침체가 오고 있다고 받아들이거나(통화정책이 당장은 긴축적이지만 장기적으로는 완화적일 것이라거나), 장단기금리차가 확대된다면 경기전망이 좋다(당장 완화적이거나, 재정정책을 통해 경기부양을 한다)는 뜻일 것입니다.

6. 크레딧 스프레드란?

Q. 회사채는 왜 더 금리가 높나요?

A. 쉽게 말해서 정부가 보증하는 안전한 채권보다 개별 기업들이 발행하는 채권은 위험하기 때문입니다. 돈을 빌려주는 사람은 위험한 대신 웃돈(프리미엄)을 요구하게 되는 거고, 빌려 가는 기업들은 더 높은 이자를 내더라도 자금이 필요하니 빌리게 되는 겁니다. 다만 회사채의 금리가 높아서 투자하기에 매력적으로 보이더라도, 그 금리에는 크레딧 스프레드가 가산되어 있습니다. 즉 채무불이행이 될 가능성이 내포되어 있다는 뜻입니다. 만기에 상환만 된다면 투자자들에겐 큰 문제가 아니겠지만, 간혹가다 대우조선해양, 태영건설처럼 우량한 회사들도 채무불이행 사태를 겪게 되니 고금리에 현혹되기 전에 우량한 기업인지 꼭 살펴봐야 합니다.

모두가 주식할 때 나는 채권에 투자한다

초판 1쇄 발행 2025년 11월 5일
초판 2쇄 발행 2025년 11월 15일

지은이 김상훈, 구성원
발행인 홍경숙
발행처 위너스북

경영총괄 안경찬
기획편집 김서희, 박경원
마케팅 박미애

출판등록 2008년 5월 2일 제2008-000221호
주소 서울 마포구 토정로 222, 201호(한국출판콘텐츠센터)
전화 02-325-8901
팩스 02-325-8902

디자인 김종민
제지사 한서지업
인쇄 영신문화사

ISBN 979-11-89352-98-1 03320

* 책값은 뒤표지에 있습니다.
* 잘못된 책이나 파손된 책은 구입하신 서점에서 교환해 드립니다.
* 위너스북에서는 출판을 원하시는 분, 좋은 출판 아이디어를 갖고 계신 분들의 문의를 기다리고 있습니다.
winnersbook@naver.com | Tel) 02-325-8901